Eachtra Eibhlíse
i dTír na nIontas

Eachtra Eibhlíse i dTír na nIontas

Lewis Carroll

a scríobh

Byron W. Sewell

agus **John Tenniel**

a mhaisigh

Pádraig Ó Cadhla

a d'aistrigh

Aibhistín Ó Duibh

a chóirigh

2015

Arna fhoilsiú ag Evertype, 19A Corso Street, Dundee, DD2 1DR, Alba. *www.evertype.com*.

Bunteideal: *Alice's Adventures in Wonderland*. Foilsíodh an t-aistriúchán seo den chéad uair in 1922 faoin teideal *Eachtradh Eibhlís i dTír na nIongantas* (Baile Átha Cliath: Maunsel agus Roberts).

An chéad eagrán: Meán Fómhair 2015. Athphriontáilte le ceartúcháin Meitheamh 2018.

Tá taifead catalóige don leabhar seo le fáil ó Leabharlann na Breataine.
A catalogue record for this book is available from the British Library.

ISBN-10 1-78201-127-7
ISBN-13 978-1-78201-127-9

Dearadh agus clóchur: Michael Everson.
De Vinne Text, Mona Lisa, ENGRAVERS' ROMAN, agus *Liberty* na clónna.

Na pictiúir ar lgh. 6, 9, 11, 16, 17, 20, 22, 25, 28, 35, 36, 42, 45, 63, 67, 69, 74, 88, 91, 95 (cuid de), 99, 104, 110, 129, agus 136: © 2015 Byron W. Sewell.
Na pictiúir ar lgh. ii, 39, 51–54, 61, 71, 78, 82, 85, 95, 102, 121, 123, 125, agus 134: John Tenniel, 1865.
Na pictiúir ar lgh. 137–162: © 1922 eastát K. Verschoyle.

Clúdach: Michael Everson.

Arna chlóbhualadh ag LightningSource.

Réamhfhocal

$\int$ eoid de chuid litríochta na bpáistí atá in *Alice's Adventures in Wonderland*, a foilsíodh den chéad uair sa bhliain 1865. Foilsíodh aistriúchán Gaeilge le Nicholas Williams sa bhliain 2003,[1] agus cuireadh amach an dara heagrán de in 2007.[2] Is sa bhliain 1922,[3] áfach, a foilsíodh an chéad leagan Gaeilge, a rinne Pádraig Ó Cadhla (1875–1948), ach is deacair teacht ar chóip den leabhar sin inniu, agus is beag duine a bhfuil sé léite aige. Is sa bhliain 2015 atá an t-atheagrán seo d'aistriúchán Uí Chadhla á fhoilsiú, 150 bliain tar éis chéadfhoilsiú *Alice's Adventures in Wonderland*.

Coinníodh an litriú *Eibhlís* san eagrán seo chun an t-aistriúchán seo a dhealú ó *Eilís* i leagan Williams. Baineann Williams feidhm ina aistriúchán as *an Cat Clárach* mar ainm ar 'the Cheshire-Cat'; is in ómós don Chadhlach a dhéanann sé amhlaidh.

Is ábhar spéise aistriúcháin Uí Chadhla sa mhéid is gur saothar de chuid na mblianta úd é, a mbíodh seobhaineachas neamhurchóideach Gaelach in uachtar. Ní aistriúchán lom liteartha atá in *Eachtra Eibhlíse i dTír na nIontas*, arae suíonn an t-aistritheoir a leagan go hiomlán in Éirinn, agus ar an gcaoi sin déanann sé

---

1 Carroll, Lewis. 2003. *Eachtraí Eilíse i dTír na nIontas*. Aistr. Nicholas Williams. Mais. John Tenniel. Baile Átha Cliath: Coiscéim; Baile Átha Cliath: Evertype. ISBN 1-904808-00-X (crua), 1-904808-01-8 (bog).

2 Carroll, Lewis. 2007. *Eachtraí Eilíse i dTír na nIontas*. Aistr. Nicholas Williams. Mais. John Tenniel. Cathair na Mart: Evertype. ISBN 978-1-904808-13-8.

3 Carroll, Lewis. 1922. *Eachtrad Eibhlíse i dTír na nIongantas*. Aistr. Pádraig Ó Cadla. Mais. K. Verschoyle. Baile Átha Cliath: Maunsel agus Roberts, Teo.

scéal Gaelach de. Is léir an méid sin ag deireadh Chaibidil III, cuir i gcás, áit a luaitear an Eala, an Gobadán, an tIolar agus an Chearc Fhraoigh, éin uile atá dúchasach in Éirinn, a ghlacann áit na Lachan, an Dódó, na Pearóide agus an Iolair Óig sa téacs bunaidh.

Baintear feidhm sa leabhar as roinnt amhrán Gaeilge nach aistriúcháin ar amhráin Charroll. Ar na haistriúcháin Ghaeilge ar véarsaíocht Charroll féin áirítear *"San iarnóin órga ghluaiseamar"* (leagan Gaeilge de *"All in the golden afternoon"*); *"Táir in achrann isna blianta"* (leagan Gaeilge de *"You are old, Father William"*); agus *"Dúradar liom go rabhais léi"* (leagan Gaeilge de *"They told me you had been to her"*). Ag scíobh dó ar aistriúchán an Chadhlaigh deir Alan Titley faoina chuid véarsaíochta:

> In ionad *"You are old, Father William"* tugtar péire de bhaoth-amhráin thraidisiúnta dúinn ar dtús, ach cúpla leathanach níos faide anonn tá rann faoi gharsún agus a athair atá oiriúnach go maith, i dtaca le holc. Ach ansin i gCaibidil X ("The Lobster-Quadrille"), in ionad *"Will you walk a little faster?"* agus *"'Tis the voice of the lobster,"* tá péire eile d'amhráin thraidisiúnta; ceann acu is bailéad ólacháin scléipeach é, agus an ceann eile is dán tragóideach é faoi dhearthaireacha a díbríodh chun na hAstráile sa naoú haois déag ar bhonn bréagfhianaise a tugadh os comhair cúirte. Gach seans gurb é ba chúis leis an imeacht seo ó ghnáthchleachtais aistriúcháin mian an aistritheora an chastacht a sheachaint a ghabhfadh gan amhras le leaganacha maithe de na dánta sin atá lán raiméise agus spraoi a cheapadh; ach seans go raibh cúis eile leis, .i. an mhian aige an scéal a Ghaelú nó a dhúchasú chun é a dhéanamh níos taitneamhaí agus níos inghlactha ag an lucht léitheoireachta a raibh sé dírithe orthu.[4]

Ar an gcéad amharc is beag ciall atá le baint as roinnt de na hathruithe a rinne an Cadhlach ar an mbuntéacs—agus ní féidir linn ach buille faoi thuairim a thabhairt ar an mbrí a bhaineadh

4 Titley, Alan. 2015. "On *Eilís* in the Irish Language: 'To Gaelicise the References to English Culture'", in John A. Lindseth, eag. *Alice in a World of Wonderlands: The Translations of Lewis Carroll's Masterpiece*. Iml. 1: Essays. New Castle: Oak Knoll. Lgh. 307–309. ISBN 978-1-58456-331-0.

léitheoirí 1922 astu. San atheagrán seo leasaíodh roinnt d'athruithe an Chadhlaigh chun an téacs a chur in oiriúint do léitheoirí comhaimseartha. Baineann Ó Cadhla úsáid as *an Bhantiarna* in ionad *an Bandiúc* 'the Duchess'; an Bandiúc a fheicfear thíos. Is dócha go bhféadfaí *Fear Lár na Gealaí* a thuiscint mar theideal geilte, ach in radharc na cúirte is mar dhíoltóir hataí a thugann an duine céanna a ghairm bheatha, agus is léir gur feiliúnaí mar sin *an Haitéir* a thabhairt air. (Ar ndóigh is é an Chóisir Tae atá "ar mire" níos túisce ná an Haitéir féin.) Dealaíonn Ó Cadhla an Luch i gCaibidil II agus i gCaibidil III uaireanta ón Luch Chodlamáin i gCaibidil VII agus i gCaibidil XI trí mheán an téarma *an Luichín* a úsáid sa dara cás. Is fearr a réitíonn an t-ainm *Luch Chodlamáin* don ainmhí sin, áfach. (Cé nach ainmhí dúchasach in Éirinn an luch chodlamáin, chonacthas an dallóg fhéir, *Muscardinus avellanarius*, i gContae Chill Dara den chéad uair sa bhliain 2010.) *An Ollphéist* a thugann an Cadhlach ar 'the Gryphon', ach is cirte *an Ghríobh* mar ainm air sin. Mar a fheicfear thíos (lgh. 158–159) taispeánann maisiúcháin 1922 an t-ainmhí úd amhail meascán de leon is d'iolar agus réitíonn míniú an téacs leis sin: "An Ghríobh seo, iolar ba ea an leath tosaigh de agus leon ba ea an leath eile."

Ba é K. Verschoyle a rinne na pictiúir in eagrán Uí Chadhla. Tá an chuma ar an scéal gur fearr a réitíonn siad sin le bunscéal Charroll ná le leagan Gaelaithe an Chadhlaigh. Níl tréith ar bith de chuid na Gealaí ag baint leis an Haitéir, cuir i gcás. Mise a shocraigh stíl mhaisiúcháin bhunaidh John Tenniel a chaomhnú le haghaidh an eagráin seo, agus dá bharr sin d'iarr mé ar Byron W. Sewell, sárealaíontóir, na pictiúir a chur in oiriúint do chúlra Éireannach aistriúcháin an Chadhlaigh. Rinneadh gach uile mhaisiúchán a raibh Eilís ann a atarraingt sa chaoi go bhféadfadh sí feisteas Gaelach a chaitheamh (is as pictiúir de chuid ré Éadbhaird VII a baineadh an feisteas sin); ní hiad ainmhithe agus éin Tenniel atá le feiceáil i maisiúcháin Chaibidil III ach na hainmhithe agus na héin Éireannacha a luaitear i dtéacs an Chadhlaigh, cé gur dócha go raibh roinnt d'ainmhithe agus d'éin Tenniel le fáil i nGairdín na nAinmhithe i Londain sa naoú haois déag.

Tá an Turtar Bréige ar cheann de na carachtair is spéisiúla sa leabhar. Ar ndóigh is le laofheoil a dhéantar Anraith Turtar Bréige agus taispeánann maisiúcháin Tenniel ainmhí croschineálach a bhfuil colainn turtar mara aige ach cloigeann, cosa deiridh agus eireaball lao. I bpictiúr Verschoyle feictear gnáthlao a bhfuil sliogán turtar ceangailte dá dhroim (lch. 159). San eagrán seo tugtar aitheantas éigin do chréatúr Verschoyle, nó tá sliogán turtair á chaitheamh ag an Turtar Bréige seo againne (lch. 104). *An Garlach Sliogánach* a thug Ó Cadhla ar an Turtar Bréige—is imeartas focal é sin de réir dealraimh ar *an Garlach Coileánach*. Ceapadh anseo gurb é an t-ainm *an Gamhain Sliogánach* an comhréiteach ab fhearr.

Ós rud é nach flúirseach cóipeanna d'eagrán 1922, gheofar ag cúl an leabhair seo gach uile mhaisiúchán a foilsíodh sa leabhar sin.

Táim buíoch d'Aibhistín Ó Duibh as a dhíograisí a chuir sé eagar ar théacs nach raibh éasca i mórán áiteanna. Táim buíoch freisin de Nicholas Williams as gníomhú mar eagarthóir comhairleach, agus de Jack Ó Drisceoil agus de Shéamus Ó Murthaile as an gcúnamh a thug siad d'Aibhistín ag léamh na bprofaí. Sa deireadh thiar mise a shocraigh na hathruithe a dhéanfaí ar ainmneacha na gcarachtar sa leabhar. Chun é sin a chur i gcrích bhí taithí fhada agam ar an leasuithe is gá le go mbainfidh léitheoirí an lae inniu lántuiscint as seanaistriúcháin.

Michael Everson
Port Laoise, 2015

Ba é Nicholas Williams a chuir Gaeilge ar Bhéarla bunaidh an réamhfhocail seo.

Foreword

The book *Alice's Adventures in Wonderland* is a jewel of children's literature, first published in 1865. An Irish translation by Nicholas Williams was published in 2003,[1] with a second edition in 2007.[2] But the first Irish translation by Pádraig Ó Cadhla (1875–1948) was published in 1922[3] though the book is difficult to acquire these days and few have read it. This new edition of Ó Cadhla's translation appears in 2015, the 150th anniversary of the first publication of *Alice's Adventures in Wonderland*.

The spelling *Eibhlís* has been retained in this edition to help distinguish the title of Ó Cadhla's translation from Williams' *Eilís*. The latter translation used *an Cat Clárach* for the Cheshire-Cat, in homage to Ó Cadhla.

Ó Cadhla's translation is interesting in that it is a product of its time, when a certain benign Irish chauvinism was in play. Not simply a straightforward literary translation, *Eachtra Eibhlíse i dTír na nIontas* localizes the story so that it becomes an Irish tale. This is easy to see at the end of Chapter III, for instance, where the birds named (*Eala* 'Swan', *Gobadán* 'Sandpiper', *Iolar* 'Eagle',

---

1 Carroll, Lewis. 2003. *Eachtraí Eilíse i dTír na nIontas*. Tr. Nicholas Williams. Illus. John Tenniel. Baile Átha Cliath: Coiscéim; Baile Átha Cliath: Evertype. ISBN 1-904808-00-X (hb), 1-904808-01-8 (pb).

2 Carroll, Lewis. 2007. *Eachtraí Eilíse i dTír na nIontas*. Tr. Nicholas Williams. Illus. John Tenniel. Cathair na Mart: Evertype. ISBN 978-1-904808-13-8.

3 Carroll, Lewis. 1922. *Eachtrad Eibhlíse i dTír na nIongantas*. Tr. Pádraig Ó Cadla. Illus. K. Verschoyle. Baile Átha Cliath: Maunsel agus Roberts, Teo.

and *Cearc Fhraoigh* 'Red Grouse') are all native to Ireland and replace the Duck, Dodo, Lory, and Eaglet.

A number of Irish songs are used in the book which are not translations of Carroll's songs. Translations of Carroll's own verse are "*San iarnóin órga ghluaiseamar*" for "*All in the golden afternoon*", "*Táir in achrann is na blianta*" for "*You are old, Father William*", and "*Dúradar liom go rabhais léi*" for "*They told me you had been to her*". Of the poetry in Ó Cadhla's translation, Alan Titley has written:

> In place of "*You are old, Father William*" we are given a couple of traditional nonsense songs at first, although a few pages on he does give us a version about a boy and his father which works quite well in its own fashion. More seriously, however, in Chapter X, "The Lobster-Quadrille," in place of "*Will you walk a little faster?*" and "*'Tis the voice of the lobster,*" we get two more traditional songs, one a kind of rollicking drinking ballad, and the other a tragic poem about brothers who were deported to Australia in the nineteenth century because of perjured information. The reason for these departures from best translation practice may indeed have been a wish to avoid the obvious difficulty in making a decent version of those poems with all their nonsense and fun, but it also may have been a desire to Gaelicise or domesticate the material in order to make it more palatable and acceptable to its target readers.[4]

Some of Ó Cadhla's alterations do not seem to make much sense today—and one can only guess what sense they made to readers in 1922. Some of these alterations we have changed to suit the expectations of modern readers. Ó Cadhla used *an Bhantiarna* 'the Lady' for *an Bandiúc* 'the Duchess'; the latter has been preferred here. The name *Fear Lár na Gealaí* 'the Man in the Middle of the Moon' evidently had connotations of lunacy, but in divulging his occupation in the trial scene it is clear that the name *an Haitéir* 'the Hatter' is more appropriate. (Of course, it is the

---

4 Titley, Alan. 2015. "On *Eilís* in the Irish Language: 'To Gaelicise the References to English Culture'", in John A. Lindseth, ed. *Alice in a World of Wonderlands: The Translations of Lewis Carroll's Masterpiece*. Vol. 1: Essays. New Castle: Oak Knoll. Pp. 307–309. ISBN 978-1-58456-331-0.

Tea-Party which is "mad", not the Hatter.) Ó Cadhla sometimes distinguished the Mouse in Chapters II and III with *an Luch* from the Dormouse with *an Luichín* 'the little Mouse' in Chapters VII and XI, but *an Luch Chodlamáin* 'the Dormouse' seems better for the latter. (Though dormice are not native to Ireland, the hazel dormouse, *Muscardinus avellanarius*, was first observed in Co. Kildare in 2010.) Ó Cadhla used *an Ollphéist* 'the Serpent' for the Gryphon, but *an Ghríobh* is the more accurate translation, and as can be seen below (pp. 158–159), in 1922 the illustrations depicted the eagle-lion hybrid. as did the text: "An Ghríobh seo, iolar ba ea an leath tosaigh de agus leon ba ea an leath eile" 'This Gryphon was an eagle in the front half and a lion in the other half'.

The illustrations in Ó Cadhla's edition were prepared by K. Verschoyle. These seem to refer more exactly to Carroll's tale than to Ó Cadhla's hibernicized translation. The Hatter has no lunar attributes, for instance. For this book I determined to retain the style of John Tenniel's original illustrations, but enlisted the expert artistry of Byron W. Sewell to localize many of them to suit Ó Cadhla's text. Every illustration featuring Eibhlís was re-drawn so that she could wear an Irish costume (taken from Edwardian illustrations); the illustrations in Chapter III make use of the Irish animals and birds rather than those of Tenniel, some of which were doubtless representative of the animals and birds which were found in the London Zoo in the nineteenth century.

The Mock Turtle proved one of the more interesting characters. Of course, Mock Turtle Soup is made of veal, and Tenniel's illustration shows a hybrid creature with a sea turtle's body and a calf's head, hind legs, and tail. Verschoyle's illustration shows an ordinary calf with a turtle shell tied to its back (p. 159). In this edition, we gave a nod to Verschoyle's version, as our Mock Turtle is also wearing a turtle shell (p. 104). Ó Cadhla's original name for the Mock Turtle was *an Garlach Sliogánach* 'the Shelled Brat'— evidently a play on *an Garlach Coileánach* 'the Mischievous Elf'. We judged that *an Gamhain Sliogánach* 'the Shelled Calf' was the best compromise.

Since the 1922 edition is so rare, a gallery containing all of its illustrations can be found at the end of the book.

I am grateful to Aibhistín Ó Duibh for his diligent editing of a text which is at times not very easy. I am grateful too to Nicholas Williams for acting as advisory editor, and to Jack Ó Drisceoil and Séamus Ó Murthaile for assisting Aibhistín as proof-readers. The editiorial decisions regarding alteration of the character names described above were mine, based on my long experience of ensuring that older translations remain accessible to today's readers.

Michael Everson
Portlaoise, 2015

Eachtraí Eilís
i dTír an Aistriucháin[1]

Gearán a chluintear corruair i measc lucht léinn na Gaeilge: go bhfuil corpas mór aistriúchán sa Nua-Ghaeilge ach gur beag scagadh atá déanta air. Ba dhoiligh dom an tuairim sin a bhréagnú—ar éigean atá an Chritic Aistriúcháin á saothrú ar chor ar bith sa Ghaeilge—ach chítear dom go bhfuil cuid de threalamh na critice in easnamh orainn. Ní cuidiú dúinn, mar shampla, a laghad tráchtaireachta a dhéanann aistritheoirí Gaeilge ar a gcur chuige aistriúcháin, má bhíonn cur chuige ar bith ann seachas déileáil le fadhbanna de réir mar a thig siad aníos sa téacs. Is annamh a cuireadh réamhrá ná brollach leis na leabhair a foilsíodh faoi scéim an Ghúim, amach ó chur síos ar shaol an údair nó ar thábhacht an tsaothair.

Nuair nach bhfuil fianaise ann ó bhéal na n-aistritheoirí, b'fhéidir go mbeadh criticeoirí ag iarraidh léamh comparáideach a dhéanamh, dhá leagan Gaeilge den aon téacs amháin a chur i gcomparáid agus i gcodarsnacht dá chéile,

<hr>

1 Páipéar a léadh ag Comhdháil ar Litríocht agus ar Chultúr na Gaeilge, Roinn na Gaeilge, Ollscoil na hÉireann, Gaillimh, Deireadh Fómhair 2012.

mar a deirtear sna páipéir scrúdaithe. Ach is é fírinne an scéil nach bhfuil ach dornán beag téacsanna ann a aistríodh faoi dhó. Más go randamach féin a roghnaíodh leabhair an Ghúim, ní raibh an rogha chomh randamach sin go mbítí ag aistriú na leabhar céanna faoi dhó.

Bíodh is nach mbaineann siad le scéim an Ghúim, tá tábhacht faoi leith sa dá leagan Gaeilge a rinneadh de *Alice's Adventures in Wonderland* le Charles Lutwidge Dodgson, nó Lewis Carroll mar is fearr aithne air. Sa bhliain 1922 a foilsíodh *Eachtradh Eibhlís i dTír na nIongantas* le Pádraig Ó Cadhla. Sa bhliain 2003 a d'fhoilsigh Nicholas Williams *Eachtraí Eilíse i dTír na nIontas*. Tá mé buíoch d'Alan Titley, a thug páipéar ar an ábhar seo ag an ócáid "Rannsachadh na Gàidhlig" i mbliana, as mé a chur ar an eolas faoi aistriúchán neamhiomlán i nGaeilge na hAlban, leagan eile sa teanga sin atá fós le foilsiú agus leagan i nGaeilge Mhanann a d'fhoilsigh Brian Stowell. Taobh leis an dá leabhar a foilsíodh abhus a bheas mise.

Más iontach linn a oiread sin leaganacha den scéal a bheith sna teangacha Gaeilge, ní miste cuimhneamh gur beag teanga nach bhfuil ar a laghad leagan amháin de *Alice* inti—Laidin, Esperanto agus an Ultais, fiú amháin—agus sin in ainneoin gur mhaígh Lewis Carroll féin gur saothar do-aistrithe a bhí ann. (An té atá ag iarraidh go ndéanfaí a shaothar a aistriú, molaim dó an scéal a scaipeadh é a bheith "do-aistrithe"—cuirfidh sin cluain ar aistritheoirí an tsaoil.) Ní shéanfadh aon duine nach bhfuil dúshlán in *Alice*, idir imeartas focal, mheafair nua agus véarsaíocht. Tá ábhar maith páipéir sna fadhbanna friotail sin ach ní chuige sin atá mise.

Ina ionad sin, pléifear an dá leabhar Gaeilge i gcomhthéacs cleachtais aistriúcháin a bhaineann le tagairtí cultúir, mar atá "an dúchasú" nó *cultural transposition*. Disciplín óg atá i Léann an Aistriúcháin agus tá an téarmaíocht a bhaineann leis an-scaoilte, an-suaite, gan a bheith róshásúil. Tá ainmneacha eile ar an choincheap seo, nó ar choincheapa atá an-chosúil leis. Bítear ag trácht, cuir i gcás, ar *domesticated translation*. (Glacaim leis gur *domesticated translators* a chleachtann an cineál sin.) Tá an téarmaíocht ina praiseach, ach bainfidh muid triail as an choincheap a bheachtú ar scor ar bith.

DÚCHASÚ

Tá sainmhíniú cruinn gonta ar cad is "dúchasú" ann ag Sándor Hervey agus Ian Higgins, beirt a d'imir tionchar mór ar theagasc an aistriúcháin sna hollscoileanna:

> ... cultural transposition involves the choice of features indigenous to the Target Language and the target culture in preference to features with their roots in the source culture. The result is to reduce foreign features in the Target Text, thereby to some extent naturalizing it into the Target Language and its cultural setting.
>
> *Thinking French Translation*: 33

Is speictream atá sa dúchasú seo; b'fhéidir nach mbeadh ann ach an tagairt chultúir a mhíniú le parafrása sa sprioctheanga. Ag ceann eile an speictrim tá an "trasuíomh cultúrtha" nó *cultural transplantaion*. Is le samplaí is fearr a mhínítear an scéal:

(Parafrása) *He refused to discuss the matter, ordering that it be placed before the Witan.* — Dhiúltaigh sé an scéal a phlé, agus d'ordaigh go gcuirfí i láthair Chomhairle an Rí é.

(Trasuíomh) *His reputation was that of a Lothario.* — Bhí sé de chlú air gur oidhre ar Dhiarmaid na mBan a bhí ann.

An chéad sampla i dtosach: téarma cultúir a bhaineann leis an seansaol Angla-Sacsanach is ea *Witan*: "an assembly of higher ecclesiastics and important laymen... that met to counsel the king on matters such as judicial problems

(*Collins*)". Dúchasú "neodrach" a rinneadh air sin. Fágadh an tagairt chultúir ar lár ach níor cuireadh tagairt a bhaineann le cultúr na Gaeilge ina háit. Is é an parafrása an bealach is coitianta le tagairtí cultúir a dhúchasú: déantar "séasúr na báistí" de *monsoon season* agus "teach samhraidh faoin tuath" den fhocal Rúisise *dača*.

An dara sampla: carachtar drabhlásach i seandráma Béarla, *The Fair Penitent*, a bhí in Lothario. Banaí mór a bhí ann, agus crochtar a ainm ar fhear ar bith a bhfuil clú mar an gcéanna air. Sa chás seo, tá tagairt do Dhiarmaid na Féinne curtha in áit Lothario. Is dána an gníomh é sin. Dar lena lán gurb í an dánaíocht sin buaic an aistriúcháin, ach braitheann sé, cuid mhór, ar an chomhthéacs.

I GCOINNE DÚCHASÚ

Tá aistritheoirí liteartha ann a dhiúltaíonn scun scan don dúchasú. Níltear ach ag cur dallamullóg ar léitheoirí, dar leo, ag tabhairt le fios gur i nGaeilge a cumadh saothar Danté nó Chekhov. Ní hamháin sin, ach tig polaitíocht an iarchóilíneachais i gceist nuair a bhítear ag aistriú isteach i dteangacha na náisiún concais, an Béarla, an Fhraincis agus an Spáinnis. Tá dualgas eitice ar an aistritheoir, más fíor, cultúr na teanga foinsí a thabhairt slán, fiú má bhíonn an t-aistriúchán deacair, deoranta nó dothuigthe féin.

Is é Lawrence Venuti ard-draoi an teagaisc seo. "Aistriúchán friotaíoch" a mhol sé féin sa leabhar *The Translator's Invisibility* (1995). Ach oiread le sciar maith de na teoirící a chuirtear chun tosaigh i Léann an Aistriúcháin, is beag an nuaíocht é. Measaim féin nach bhfuil ann ach macalla lag ar an mhantra shíoraí sin atá á chanadh ó rinneadh an chéad aistriúchán riamh: gur gníomh dodhéanta, mí-ionraic atá san aistriúchán. Tá gaol gairid aige leis "an aistriúchán follasach" a bhí á mholadh ag údair mar Lamartine (1790–1869). Tá míniú maith air sin san aiste "Do Thiontódh Teangan" in *Ar mo Mharanadh Dam* le Seán Ó Ciarghusa.

> B'fhearr le Lamartine tiontú maol mantach méirscreach ná tiontú slíoctha sleamhain snasta mar go gcuirfeadh an rud maol mantach d'fhiacha ar an léitheoir bheith ag cuimhneamh cad a bhí in aigne an bhunúdair nár éirigh leis an tiontaitheoir a thabhairt leis. Dá mbeadh an tiontú ró-sholéite, ró-shothuigthe, léifí é gan machnamh air agus shlogfaí siar é gan cogaint...[2]

Nár lige Dia go léifí téacs gan é a shlogadh siar. Éirím pas beag mífhoighdeach nuair a chím "ró-sholéite" agus "ró-shothuigthe" in úsáid chun saothar a dhamnú. An dúchasú atá i dtreis sna haistriúcháin a rinne Ó Cadhla agus Williams beirt, ach is fiú iad a scrúdú, féachaint cé chomh héifeachtach is cé chomh leanúnach is a bhí an dúchasú sin.

CULTÚR "ALICE"

An fiú a bheith ag caint ar thagairtí cultúir i saothar fantaisíochta ar nós *Alice's Adventures in Wonderland*? Ní tír na nGall atá ann, ná tír ar bith dá bhfuil in atlas an domhain, ach tír na n-iontas. Tá fírinne éigin sa mhéid sin, agus níl aon amhras ach gur fusa a leithéid seo de scéal a dhúchasú ná scéal lán-réalaíoch mar a bheadh ag Raymond Carver nó Guy de Maupassant. Ach fiú sna sleachta is osréalaí, ní chailltear radharc ar Shasana mar a bhí le linn na Banríona Victoria. Sa sliocht seo thíos, tá Alice agus a cuid comrádaithe fliuch báite i ndiaidh dóibh teacht amach as linn uisce. Tá an Luch ag iarraidh an comhluadar a thriomú agus síleann sé leas a bhaint as an rud is tirime atá ar eolas aige: léacht faoi sheanstair na Sasanach.

---

2 San aiste 'Do Thiontódh Teangan' in *Ar mo Mharanadh Dam* le Seán Ó Ciarghusa, Oifig an tSoláthair (gan dáta): 53.

"This is the driest thing I know. Silence all round, if you please! 'William the Conqueror, whose cause was favoured by the pope, was soon submitted to by the English, who wanted leaders, and had been of late much accustomed to usurpation and conquest. Edwin and Morcar, the earls of Mercia and Northumbria—'"	"Seo é an rud is 'tiorma' dá bhfacas-sa lem' linn… 'Uilliam na mBuaidh, an fear sin a raibh beannacha an Phápa aige ar a chuid gnótha, ní raibh sé i bhfad gur ghéilleadar Sasanaigh dó, mar bhíodar gan treoruighthe agus bhíodar i dtaithighe géilleadh do lucht ceannais agus gabhála. Do ghéill Eidbhin agus Morcar, Iarlaí Mercia agus Nortumbria, dhó…'"	"Seo é an rud is tirime dár chuala mé riamh. Bíodh gach duine agaibh ina thost, mura miste libh. 'Ar sliocht Breasail Bhéalaigh mic Fiachach Aiceadha atá Mac Murchadha. Ar shliocht Rossa Fáilghigh mic Cathaoir Mhóir atá Ó Conchubhar Fáilghe agus Ó Díomasaigh agus Ó Duinn agus clann Cholgan amhail adéaram dá n-éis-so ag craobhscaoileadh mac Míleadh; agus is lé Conn Céadchathach do thuit an Cathaoir Mór-so—'"

Tá Williams i ndiaidh dul céim nó dhó níos faide ná an parafrása ansin. Ina ionad sin, bhain sé ginealach focal ar fhocal as *Foras Feasa ar Éirinn*. Ní aistriúchán é, ach trasuíomh cultúrtha. Ceist a éiríonn as an rogha a rinne sé: más leabhar léitheoireachta do pháistí é *Alice*, an bhfuil sé inmholta Seathrún Céitinn a cheadú agus leaganacha mar "clann Cholgan amhail adéaram dá n-éis-so ag craobhscaoileadh mac Míleadh" a bhrú ar léitheoirí óga?

Bheadh faitíos orm focail a chur i mbéal Nicholas Williams, ach tá an chuma air go ndeachaigh sé i mbun oibre ar an tuiscint go mbeadh leagan Gaeilge de *Alice* thar acmhainn léitheoirí an-óg agus nach mbeadh rath ar leagan "simplithe" den téacs.

Is mó a bhí an Cadhlach ag iarraidh freastal ar léitheoirí óga. Go deimhin, is deacair a dhéanamh amach in amanna an dúchasú a bhí ar siúl aige nó an é gur mhian leis an friotal a shimpliú oiread agus a thiocfadh leis. A leithéid seo:

<table>
<thead>
<tr><th>TÉACS FOINSEACH</th><th>Ó CADHLA</th><th>WILLIAMS</th></tr>
</thead>
<tbody>
<tr>
<td>Alice thought she had never seen such a curious croquet-ground in her life; it was all ridges and furrows; the balls were live hedgehogs, the mallets live flamingoes...</td>
<td>Shíl Eibhlís ná faca sí a leithéid d'fhaithche cróicé riamh in a saoghal; árdáin agus ísleáin b'eadh í ar fad; gráineoga na liathróidí bhí aca, agus corr-iasc beo bhí mar mháilléid aca...</td>
<td>Ba dhóigh le hEilís nach bhfaca sí cluiche cróice chomh haisteach leis lena beo; ní raibh sa pháirc imeartha ach iomairí agus claiseanna; gráinneoga beo a bhí in ionad liathróidí agus lasairéin in áit máilléad...</td>
</tr>
</tbody>
</table>

An fonn simplithe sin a bhí ar an Chadhlach, chuir sé dá threoir é, dar liomsa. Páirt mhór den ghreann agus den draíocht atá i saothar Lewis Carroll, baineann sé le teanga. Arís is arís eile, déanann Alice iontas den fhocal seo nó den seanfhocal siúd: *Alice had no idea what Latitude was, or Longitude either, but thought they were nice grand words to say.* Ní i bhfad eile a bheidh sí ina cailín óg. Caithfidh sí eolas a chur ar réimeanna nua teanga agus friotal cuí a aimsiú a oireann do chomhluadar faoi leith. Ceart go leor, is ait an comhluadar a chastar uirthi i dtír na n-iontas: *Alice thought this must be the right way of speaking to a mouse: she had never done such a thing before.* Ach tá an t-aistear sin ó chaint leanbaí go caint na ndaoine fásta le déanamh aici mar a bhíonn ag gach uile dhuine óg. Ní bheadh *Alice's Adventures in the English Language* mí-oiriúnach mar theideal. Féach mar a bhaintear greann as an fhocal dhlíthiúil *suppress* i gcomhthéacs iompar na n-oifigeach cúirte sa sliocht seo thíos.

Here one of the guinea-pigs cheered, and was immediately suppressed by the officers of the court. (As that is rather a hard word, I will just explain to you how it was done. They had a large canvas bag, which tied up at the mouth with strings: into this they slipped the guinea-pig, head first, and then sat upon it.)

"Tar slán! Tar slán!" arsaigh an criucar, agus seo é ag bualadh bas ar a dhícheall, acht ba ghairid an mhoill ar oifigí na cúirte é chur fé chois agus seo mar a dheineadar é—ropadar i ndiaidh a chinn isteach i mála é agus annsin shuidheadar anuas air.

Lig ceann de na muca guine gáir mholta aisti ansin, agus chuir oifigigh toirmeasc uirthi láithreach bonn (Ós rud é gur focal é "toirmeasc" atá sách deacair, míneoidh mé duit conas a rinneadh é. Bhí mála mór canbháis ag na hoifigigh, a raibh sreanga ag a bhéal chun é a cheangal; shleamhnaigh siad an mhuc ghuine in aghaidh a chinn isteach ann, agus ansin shuigh siad uirthi.)

IDIRTHÉACSÚLACHT

Tá dúshlán mór sna véarsaí atá scaipthe ar fud an leabhair, anuas ar na gnáthfhadhbanna aistriúcháin a bhaineann le rím, uaim agus rithim. Cé nach léir do léitheoirí na linne seo é, is scigaithris atá iontu ar dhánta a bhí i mbéal an phobail san am, mar shampla, an ceann seo le Robert Southey (1774–1843)

> *"You are old, father William," the young man cried,*
> *"The few locks which are left you are grey;*
> *You are hale, father William, a hearty old man;*
> *Now tell me the reason, I pray."*

Agus a pháirtí magaidh:

"You are old, Father William," the young man said,
"And your hair has become very white;
And yet you incessantly stand on your head—
Do you think, at your age, it is right?"

Is é a rinne Ó Cadhla ná amhráin Ghaeilge a chur in áit na véarsaí Béarla; trasuíomh dána eile. Is rogha chliste a rinne sé den chuid is mó: tharraing sé chuige amhráin spraoi agus dánta beaga raiméise ar nós *Níl Sé 'na Lá* agus *Amhráinín Síodraimín* a raibh cuid den mheon céanna iontu is a bhí sna véarsaí Béarla. Ach Déiseach a bhí ann agus ní dhéanfadh an dara rud cúis dó ach *Na Connerys* a chur ann chomh maith. Drochrogha, de mo dhóighse. Díol spéise go ndearna Williams na dánta Béarla a aistriú, dá dheacra iad. Is dócha go raibh cuimhne na mbundánta fós láidir in Éirinn sa bhliain 1922. Más amhlaidh a bhí, ní hé go raibh an Cadhlach ag cliseadh roimh dhúshlán an aistriúcháin, ach roimh dhúshlán na hidirthéacsúlachta. Níorbh éigean do Williams a cheann a chrá leis, mar bhí na dánta imithe i ndearmad tráth a chuaigh seisean i mbun oibre.

TÁTAL

Sa léamh comparáideach atá déanta agam, díríodh ar ghné amháin den aistriúchán—an dúchasú agus na himpleachtaí a bhaineann leis an chur chuige sin. Is do Williams a bhéarfainn an chraobh dá mbeadh agam le breithiúnas a thabhairt. Is gné chigilteach, chaolchúiseach den aistriúchán atá sa dúchasú agus is mairg don té a rachadh ina mhuinín gan modh oibre leanúnach loighciúil a bheith aige.

Antain Mac Lochlainn
Baile Átha Cliath 2012

Eachtra Eibhlíse
i dTír na nIontas

Clár an Leabhair

Caibidil I

Síor i bPoll Coinín fé Talaṁ

Páiste ġearrċaile b'eaḋ Eiḃlís seo, agus aon lá aṁáin ḃí sí in a suiḋe amuiġ ar an mbán i ḃfoċair a ḋeirḃṡéir; ní raiḃ ḋaḋa go Dia le ḋeunaṁ aici agus ḃí sí ag éiriġe tuirseaċ de. Ḃí sí tar éis feuċaint uair nó ḋó isteaċ 'sa leaḃar ḃí a ḋeirḃṡiúr a léiġeaṁ, aċt ní raiḃ aon ṗeictiúirí ná comṙáḋ cainte ann, agus nuair ná raiḃ ní raiḃ aon tsult léi sin ann. "'Dé a ṁaiṫ leaḃar," arsaiġ Eiḃlís léi féin, "gan peictiúir gan comṙáḋ cainte?"

Ruḋ eile, ḃí teas agus broṫal an lae ag cur uirre, agus ḃí sí ag cuiṁneaṁ ní feadar ar ḃfiú ḃí éiriġe agus laḋar nóiníní a ḃailiuġaḋ agus slaḃra-siḋe a ḋeunaṁ ḋíoḃ nuair a riot coinín amaċ tóirste—coinín bán gléiġeal agus ḋá ṡúil ḋearga in a ċeann.

Níorḃ' aon ruḋ neaṁ-ċoitċionta an méid sin, agus nuair a ċrom sé ag caint leis féin agus á ráḋ, "Dia le m'anam! Dia le m'anam! beiḋ mé déiḋeanaċ!" níor ḋein sí mórán iongantas de aċt an oiread. (Nuair ḃí sí ag ḋeunaṁ a maranna ar an

Síos i bPoll Coinín faoi Thalamh

Páiste gearrchaile ba ea Eibhlís seo, agus aon lá amháin bhí sí ina suí amuigh ar an mbán i bhfochair a deirféar; ní raibh dada go Dia le déanamh aici agus bhí sí ag éirí tuirseach de. Bhí sí tar éis féachaint uair nó dhó isteach sa leabhar a bhí a deirfiúr a léamh, ach ní raibh aon phictiúir ná comhrá cainte ann, agus nuair nach raibh ní raibh aon sult léi ann. "Cad é a mhaith leabhar," arsa Eibhlís léi féin, "gan pictiúr gan comhrá cainte?"

Rud eile, bhí teas agus brothall an lae ag cur uirthi, agus bhí sí ag cuimhneamh ní fheadar arbh fhiú di éirí agus ladhar nóiníní a bhailiú agus slabhra sí a dhéanamh díobh nuair a rith coinín thairsti—coinín bán gléigeal agus dhá shúil dhearga ina cheann.

Níorbh aon rud neamhchoitianta an méid sin, agus nuair a chrom sé ag caint leis féin agus á rá, "Dia le m'anam! Dia le m'anam! beidh mé déanach!" ní dhearna sí mórán iontais de ach an oiread. (Nuair a bhí sí ag déanamh a marana ar an scéal ina dhiaidh sin chuimhnigh sí gur cheart go ndéanfadh sí iontas de, ach tháinig an scéal d'urchar uirthi agus ní bhfaigheadh sí cuimhneamh.) Ach nuair *a bhain an coinín uaireadóir aníos as póca a bhástchóta* agus nuair a d'fhéach sé air agus ansin nuair a bhrostaigh sé air chomh mear agus a bhí ina dhá choisín, bhuail sé isteach ina haigne gur rud an-neamhchoitianta é agus d'éirigh sí ina seasamh, agus le neart faobhar cinsealachta lean sí trasna na páirce é, agus bhí sí ag a shála nuair a léim sé síos i bpoll cois claí.

As go brách le hEibhlís síos ina dhiaidh agus gan aon phioc amháin cuimhneamh aici ar conas a bhí sí le casadh thar n-ais arís.

Bhí an poll a ndeachaigh an coinín síos ann, bhí sé mar a bheadh lintéar ag rith díreach faoi thalamh agus ansin síos díreach—chomh díreach nach raibh sé d'uain ag Eibhlís baint siar aisti féin ná cuimhneamh ar stad gur bhraith sí go raibh sí ag titim síos i dtobar mór domhain.

Tobar an-domhain ba ea é, nó neachtar acu bhí sí ag titim an-righin, an-mhall ar fad—chomh righin chomh mall sin go raibh uain aici féachaint timpeall uirthi agus gach aon rud a thabhairt faoi deara. Shíl sí féachaint síos roimpi, ach bhí an áit ródhorcha chun aon rud a fheiceáil síos; ansin d'fhéach sí ar chliatháin an tobair, agus thug sí faoi deara go raibh an áit lán suas de chupaird agus seilfeanna leabhar; chonaic sí léarscáileanna agus pictiúir ar crochadh ar an mballa. Thóg sí anuas seár nó próca a bhí ar sheilf a bhí ann, agus cad a bheadh scríofa lasmuigh air ach "SÚ ORÁISTE", ach mo chreach! ní raibh dada ann; níor mhaith léi an seár a thitim síos uaithi ar eagla go maródh sí éinne thíos faoina bun, ach fuair sí é a leagan uaithi ar chupaird ag tuirlingt di.

"I maite," arsa Eibhlís léi féin, "tar éis an méid seo titim ní dada liom titim anuas an staighre. Déarfar go bhfuil an-mhisneach agam. Ní hea, ach ní déarfaidh mé aon rud más ag titim anuas ó bhuaic an tí dom!" (Rud ab fhíor di b'fhéidir.)

Síos, síos, síos. An mbeadh deireadh *go deo* leis an titim? "Ní fheadar an mó míle atá curtha díom agam faoi láthair? Caithfidh mé a bheith an-ghairid do lár an domhain. Fan leat: ceithre mhíle míle é sin is dóigh liom—" (bíodh a fhios agat go raibh Eibhlís ag foghlaim rudaí dá leithéid seo sa scoil, agus ar a shon nár rómhaith an chaoi é chun a bheith ag taispeáint a cuid feasa nuair nach raibh éinne ag éisteacht léi, mar sin féin, ba mhaith an taithí di a bheith á rá di féin) "—is ea, sin é an fad díreach atá sé—ach mo dhearmad, ní fheadar cad é an áit den domhan ina bhfuilim anois. Ní fheadar cad é an fad soir ná siar, ó thuaidh nó ó dheas atáim." Bhí sí ag rámhaille i dtaobh "Domhanleithead" agus "Domhanfhad" 7rl. (Ní raibh aon tuiscint ag Eibhlís cad é an bhrí a bhí le "Domhanleithead" ná le "Domhanfhad", ach shíl an páiste bocht gur dheas na focail iad a bheith á dtarraingt trína fiacla.)

Thosaigh sí ag machnamh arís. "Ní fheadar," ar sise léi féin, "an dtitfidh mé amach díreach trí lár an domhain. Féachfaidh sé an-ghreannmhar teacht amach i measc na ndaoine a bhíonn ag siúl lena gcinn fúthu agus a gcosa in airde. Caithfidh mé fiafraí cad é an tír é. An é seo an Nua-Shéalainn nó an Astráil, más é do thoil é, a bhean uasal? (Agus rinne sí iarracht ar *a humhlú a dhéanamh* agus í ag titim i ndiaidh a cinn! An dóigh leat go bhféadfása é a dhéanamh?) "Is ea, ach déarfaidh sí gur dall an sórt gearrchaile beag mé. Ní dhéanfaidh sé an gnó dom é a fhiafraí in aon chor; b'fhéidir go bhfeicfinn scríofa in airde in áit éigin é."

Síos, síos, síos. Chrom Eibhlís ag caint léi féin arís nuair nach raibh dada eile le déanamh aici. "Aireoidh Pincín uaithi anocht mé." (Pincín, an cat.) "Tá coinne agam nach ndearmadfaidh siad a sásar bainne a thabhairt di le linn an tae dóibh. A Phincín bhocht, b'fhearr liom go mbeifeá anuas anseo i m'fhochair. Níl aon lucha le fáil san aer, is dóigh liom, ach b'fhéidir go n-éireodh leat breith ar sciathán leathair, agus sin rud nach bhfuil aon mhídhealramh aige le luch. Ach mo dhearmad, ní fheadar an íosfadh cat sciathán leathair." Bhí an codladh ag teacht anois uirthi, agus lean sí uirthi ag caint léi féin, mar a bheadh sí ag taibhreamh. "An íosfadh cat sciathán leathair?" agus anois agus arís théadh an chaint trína chéile uirthi agus deireadh sí, "An íosfadh sciathán leathair cat?" Ba mhar a chéile é mar nach bhfaigheadh sí aon cheist acu a fhreagairt. Mhothaigh sí go raibh an codladh á traochadh agus go raibh sí sa taibhreamh; shíl sí go raibh sí ag siúl cos ar chois le Pincín agus go raibh sí ag caint go han-dáiríre léi, "Inis dom an fhírinne anois, a Phincín! Ar ith tú riamh sciathán leathair?" nuair a d'airigh sí pleist! pleist! Bhí sí tar éis titim anuas ar charn cipíní agus duilliúr feoite, agus b'shin deireadh leis an titim.

Níor bhain aon ghortú di, agus bhí sí ina seasamh ar a cosa arís de phreab. D'fhéach sí in airde os a cionn, ach bhí an áit sin go léir dorcha; os a comhair amach bhí cosán fada, agus chonaic sí an Coinín Gléigeal agus é ag cur de síos an cosán chomh mear agus a bhí aige. Ní raibh aon am le cailleadh aici agus as go brách léi chomh mear leis an ngaoth síos ina dhiaidh, agus nuair a bhí sí ag iompú an chúinne d'airigh sí é ag caint leis féin, "Ó, dar mo chluasa agus mo chuid féasóige, nach déanach atá sé ag teacht." Bhí sí díreach ag a shála nuair a d'iompaigh sí an cúinne, ach teimheal de ní raibh le feiceáil aici as sin suas. Bhí sí féin istigh i halla fada íseal, halla ina raibh sreang de lampaí ar crochadh anuas ón tsíleáil agus iad ag tabhairt solas breá uathu.

Bhí doirse timpeall ar gach taobh den halla, ach bhí an glas orthu go léir: agus nuair a bhí Eibhlís tar éis gabháil síos taobh den halla agus aníos ar an taobh eile, agus tar éis di gach aon doras a chuardach, shiúil sí síos trína lár agus í ag déanamh a marana conas a d'éireodh léi an áit a fhágáil nó an bhfágfadh sí go deo é.

Lena linn sin chonaic sí bord beag trí chos déanta de ghloine; ní raibh dada in airde air ach eochairín bheag agus chuimhnigh Eibhlís láithreach bonn gur bhain sí sin le ceann de na doirse sa halla; ach mo chreach! bhí na glais rómhór nó bhí an eochairín róbheag; ach ar aon chuma ní osclódh sí aon ghlas acu. Ach, i maite, nuair a bhí sí ag gabháil timpeall an dara hiarracht thug sí faoi deara brat beag íseal nach bhfaca sí an chéad uair, agus díreach taobh thiar de bhí doras beag timpeall cúig horlaí déag ar airde. Thriail sí an eochairín bheag órga sa ghlas, agus bhí áthas mór uirthi nuair a d'oir sí dó.

D'oscail sí an doras, agus cad a bheadh ann ach poillín beag caol cúng—poillín nach raibh ann ach ionad francaigh. Chuaigh sí ar a glúine agus d'fhéach sí siar fad an phoill, agus thiar ag a dheireadh bhí an gairdín ba dheise a chonaic éinne riamh. Bhí an-chaitheamh ina dhiaidh ag Eibhlís an halla dorcha seo a fhágáil agus siúl i measc na mbláthanna agus na dtoibreacha fíoruisce, ach ní fhéadfadh sí an oiread agus a ceann a chur trí ionad an dorais; "agus," arsa Eibhlís léi féin, "dá n-éireodh liom mo cheann féin a shá isteach cad é an mhaith dom é mura bhfaighinn mo ghuaillí a bhreith liom ina fhochair. Ó, nár dheas liom dá bhfaighinn mé féin a bhailiú ionam féin isteach mar a dhéantar le teileascóp! Agus is dóigh liom go bhfaighinn dá mbeadh a fhios agam conas tosú air." Bhí an oiread sin rudaí neamhchoitianta tar éis titim amach le déanaí gur shíl Eibhlís gur beag rud nach bhfaightí a dhéanamh.

De réir dealraimh ní raibh aon mhaith di a bheith ag fuireach ag an doraisín seo; shiúil sí siar go dtí an bord, agus dóchas éigin aici go bhfaigheadh sí eochair eile air, nó go mb'fhéidir go bhfaigheadh sí leabhar na rialacha a bhaineann leis an gcleas sin a bhíonn ag daoine chun iad féin a chrapadh mar theileascóp; ní bhfuair, ach fuair sí buidéilín air (bhí sí deimhneach nach raibh a leithéid air an iarracht cheana), agus ceangailte timpeall ar scrogall an bhuidéilín, bhí páipéar agus na focail "Ól mé" clóbhuailte i litreacha móra air.

Níor chuimhnigh sí go mbeadh aon díobháil sna focail sin "Ól mé", ach mar sin féin, bhí Eibhlís ró-shean-chríonna chun rud a dhéanamh díobh go róthobann. "Féach-faidh mé," ar sise, "an bhfuil an focal '*nimh*' scríofa air nó nach bhfuil." Bhí Eibhlís aireach, mar bhí go leor scéalta léite aici—scéalta beaga i dtaobh leanaí—leanaí a dódh, nó leanaí a d'ith beithígh allta, nó leanaí ar bhain donas eile dóibh mar nach ndearna siad comhairle a muintire: comhairle mar seo—go ndófadh an pócar dearg thú dá gcoimeádfá greim air rófhada; nó má ghearrfá do mhéar ródhomhain le scian gur dócha go dtiocfadh fuil aisti; agus ní dhearna sí dearmad riamh ar an gcomhairle go ngoillfeadh sé ort luath nó mall dá n-ólfá mórán as buidéal a mbeadh an focal "nimh" lasmuigh air.

Ní raibh an focal "nimh" scríofa ná clóbhuailte lasmuigh ar an mbuidéal seo, agus nuair nach raibh ní raibh aon eagla uirthi é a thriail agus nuair a fuair sí chomh blasta sin é ní raibh sí i bhfad á ligean siar. Chun an fhírinne a insint, fuair sí blas na meala, blas an tsilín, blas an chustaird, blas an turcaí rósta, agus blas an taifí air, agus gach aon bhlas eile dá fheabhas.

B'ait le hEibhlís cad a bhí ag teacht uirthi. Bhraith sí go raibh sí ag fáil toradh ar a guí agus go raibh sí ag dul i laghad go mear.

Agus bhí, leis: ní raibh ach deich n-orlaí anois inti, agus las a haghaidh agus a súilíní le háthas nuair a thug sí faoi deara go raibh an mhéid cheart inti chun dul tríd an doraisín isteach sa ghairdín álainn úd. Ach d'fhan sí tamaillín féachaint an gcrapfadh sí a thuilleadh: bhí roinnt scátha uirthi ina thaobh seo; "b'fhéidir," ar sise léi féin, "gurb amhlaidh a d'imeoinn mar shnab coinnle. Ní fheadar conas a d'fhéachfainn ansin?" Agus shíl sí a thabhairt chun a haigne an dealramh a bhíonn ar lasair na coinnle nuair a mhúchtar an choinneal; ní bhfaigheadh sí cuimhneamh go bhfaca sí a leithéid riamh.

Tar éis tamaill, nuair nár bhain a thuilleadh di, shocraigh sí ar dhul sa ghairdín gan stad; ach och! mo chreach! nuair a shroich Eibhlís bhocht an doras beag bhí an eochairín óir dearmadta aici, agus nuair a chas sí go dtí an bord faoina déin ní bhfaigheadh sí teacht uirthi cionn is í a bheith róbheag: chonaic sí go soiléir í tríd an ngloine, agus rinne sí a dícheall ar dhul suas ar cheann de chosa an bhoird, ach bhí sí róshleamhain di; agus nuair a bhí sí cortha cráite ó bheith ag iarraidh teacht uirthi shuigh sí síos agus ghoil sí a sáith.

"Is ea," ar sise léi féin, "níl aon tairbhe a bheith ag gol; chomhairleoinn duit éirí as láithreach bonn." Is annamh nár thug sí comhairle a leasa di féin (ar a shon gurbh fhánach a dhéanadh sí rud de), agus is minic a thug sí na deora chun a súile ag tabhairt scrios di féin. Ba chuimhin léi nuair a thug sí iarracht ar chlabhtóg feadh na cluaise a thabhairt di féin mar gheall is gur mheall sí í féin ag imirt cluiche cróice léi féin, mar is minic a bhí an leanbh neamhchoitianta seo á dalladh féin ag ligean uirthi a bheith ina beirt. "Níl aon mhaith dom a bheith do mo dhalladh féin anois," arsa Eibhlís, "gur beirt mé! ní hea, ach níl an oiread sin díom fágtha is go ndéanfainn aon duine amháin dealraitheach.

Ba ghairid go bhfaca sí bosca beag gloine faoin mbord; d'oscail sí é agus bhí cáicín beag istigh ann agus na focail

"Ith mé" breactha go deas air le cuiríní. "Íosfaidh mé é," arsa Eibhlís, "agus má théim in airde is féidir liom teacht ar an eochair; agus más i laghad a rachaidh mé is féidir liom dul ar mo chromada isteach faoin doras; is cuma liom é má fhaighim dul sa ghairdín!"

D'ith sí blúire beag de agus chuir sí a lámh ar bharr a cinn féachaint an síos nó suas a bhí sí ag fás. Bhí iontas uirthi gur fhan sí san airde chéanna; dar ndóigh, sin mar a bhíonn an scéal ag éinne a itheann cáca, ach bhí Eibhlís chomh mór sin i dtaithí rudaí neamhchoitianta le déanaí gur fhéach sé roinnt tur di go mbeadh duine ag caitheamh a shaoil sa tseanslí.

Luigh sí chuige agus is gairid a bhí sí ag cur deireadh leis an gcáca.

*   *   *   *

*   *   *

*   *   *   *

CAIBIDIL II

An Loch Deor

"Iontas agus níos iontasaí!" arsa Eibhlís (cuireadh a leithéid sin d'iontas uirthi gur theip uirthi an chaint cheart a thabhairt léi), "táim ag síneadh amach chomh fada leis an teileascóp is sia a chonaic éinne riamh! Slán beo libh, a choisíní!" (Nuair a d'fhéach sí síos ar a cosa bhí siad fad a radhairc uaithi.) "Och! mo choisíní bochta! Ní fheadar cé a chuirfidh bhur mbróga agus bhur stocaí anois oraibh? Tá a fhios agam go maith nach mbeidh mise inniúil air! Beidh mé rófhada ó bhaile uaibh chun cuimhneamh in aon chor oraibh: caithfidh sibh an gnó a dhéanamh chomh maith is a fhéadfaidh sibh daoibh féin. "Mar sin féin, caithfidh mé a bheith cineálta leo," arsa Eibhlís léi féin, "mar b'fhéidir gurb amhlaidh a d'éireoidís i mo choinne agus nach n-iompróidís mé an bóthar díreach! Is ea; cuirfidh mé péire bróg nua orthu gach aon Nollaig."

Lean sí uirthi mar sin ag cur agus ag cúiteamh di féin conas a dhéanfadh sí an gnó. "Is é an carraeir a thabharfaidh leis iad," ar sise, léi féin; "agus nach ait a fhéachfaidh sé, duine ag cur féirín ag triall ar a chosa féin! Féachfaidh an seoladh go hait, leis!

> *Do chos dheas Eibhlíse,*
> *Atá ar leac an tinteáin,*
> *Gairid don Fhiondar,*
> *(Le bua agus beannacht ó Eibhlís).*

"Ó, a chiallach! nach díchéillí an chaint atá ar siúl agam."

Lena linn sin bhuail barr a cinn in airde i gcoinne fhraitheacha an tí; bhí sí os cionn naoi dtroithe ar airde anois, agus ní dhearna sí aon mhoill ach an eochairín óir a ardú léi agus cur di chomh mear agus a bhí aici go dtí doras an ghairdín.

An t-ainniseoir bocht! Chuir sé chun a díchill í agus í sínte ar a cliathán féachaint isteach sa ghairdín lena leathshúil, ach a rá go bhfaigheadh sí dul isteach! Deirimse "dul isteach" leat! Shuigh sí síos agus chrom sí ag gol arís.

"Ba cheart náire a bheith ort," ar sise léi féin, "cailín breá mar tú" (agus is breá a bhí sí), "a bheith ag gol mar seo! Stad ar an nóiméad dearg anois é, a deirim leat!" Mar sin féin, lean sí uirthi ag sileadh na ndeor ina ngalúin go raibh ceithre horlaí d'uisce ina loch mórthimpeall ar an áit a raibh sí ina seasamh agus síos leath an halla.

I gceann tamaill d'airigh sí coisíní beaga ag lapadaíl tamall uaithi, thriomaigh sí a súile, agus d'fhéach sí cad a bhí ag teacht. Cé a bheadh ann ach an Coinín Gléigeal ag casadh thar n-ais agus culaith bhreá éadaigh air, mitíní bána de chraiceann meannán gabhair i lámh leis agus fean sa lámh eile: bhí sé ag teacht ag sodar agus séirse faoi, agus é ag caint leis féin: "An Bandiúc! An Bandiúc! Nach í a bheidh ar buile má bhíonn sí ag fuireach liom."

Bhí Eibhlís bhocht chomh mór sin trína chéile go rachadh sí in achainí ar éinne teacht i gcabhair uirthi, agus nuair a tháinig an Coinín gairid di thosaigh sí: "Más é do thoil é, a dhuine uasail—" Baineadh preab uafásach as an gCoinín, thit na mitíní bána uaidh agus an fean, agus as go brách leis chomh mear agus ab fhéidir leis talamh a bhualadh gur imigh sé as a radharc.

Thóg Eibhlís suas na mitíní agus an fean, agus ós rud é go raibh an halla chomh brothallach sin bhí sí á fionnuarú féin agus ag caint léi féin! "Dia le m'anam! Dia le m'anam! Nach ait atá gach aon rud ag iompú amach inniu! Inné bhí gach aon rud mar ba ghnáth. Ní fheadar an san oíche a athraíodh mé. Fan leat: an mar seo a bhí mé ag éirí dom ar maidin? Ba dhóigh liom nach mar seo a bhraith mé mé féin. Ach mura mé an duine céanna, cé hé mé, más ea? Sin í an fhadhb!" Agus chrom sí ag cuimhneamh agus ag marana ar na leanaí go léir a raibh aithne aici orthu, a comhaois féin, féachaint an éinne acu í.

"Ní mé Íde, pé scéal é," ar sise, "mar ceann cuachach atá uirthi sin, agus mise, níl aon chuach agam; agus ní mé Bríd; tá a fhios gach aon rud agamsa, ach í sin! níl a fhios dada aici! Rud eile, dar ndóigh, nach mise mé féin, agus nach í sin í sin—Ó, Dia linn is Muire, nach iontach trína chéile atá gach aon rud ag teacht! Fan leat, go bhfeice mé an bhfuil a fhios gach aon rud agam mar a bhíodh. A cúig faoina ceathair sin a dó dhéag, a sé faoina ceathair sin a trí déag, agus a seacht faoina ceathair sin—ó, Dia le m'anam, is fada go mbuailfidh mé an fiche ar an gcuma seo! Is ea, ach is cuma é dar ndóigh, i dtaobh an tábla iolrúcháin, bainimis iarracht as an tíreolaíocht. Londain, sin í príomhchathair Pháras, Páras príomhchathair na Róimhe, agus an Róimh—cad é seo atá mé a rá? Tá an chaint seo go léir bun os cionn! Is mé Bríd nó tá mé meallta. Fan go ndéarfaidh mé an rann seo"—agus shocraigh sí a dhá láimhín ar a binn díreach mar a bheadh sí ag rá a ceachta agus thosaigh sí ag cur dá croí—guth garbh neamhchoitianta a bhí aici agus níor tháinig na focail mar ba ghnáth leo teacht:—

'Sí an coimín deas i mbróg í
A's a coisín suite córach.

"Tá mé chomh siúráilte anois agus atá mé anseo nach iad seo na focail chearta," arsa Eibhlís bhocht léi féin, agus tháinig na deora lena súile, "Is mé Bríd gan aon agó agus caithfidh mé dul chun cónaithe sa phóicéad beag tí sin atá acu; ní bheidh bréagáin ná dada agam ach lán an mhála de cheachtanna agam le foghlaim! Más mise Bríd, anseo thíos a fhanfaidh mé, tá an méid sin socair agam pé ar domhan é. Ní bheidh aon mhaith dóibh a bheith ag sá a gcinn anuas agus ag rá liom teacht aníos. Fiafróidh mé an chéad uair díobh cé hé mé, agus ansin má thaitníonn liom an té a déarfaidh siad rachaidh mé suas agus mura dtaitníonn fanfaidh mé anseo thíos go mbeidh mé i mo 'nach ea', ach, Dia le m'anam, b'fhearr liom go gcuirfeadh duine éigin a cheann anuas! Táim ag éirí cortha ó bheith anseo liom féin!"

Leis sin d'fhéach sí síos ar a dhá lámh, agus cad a bheadh ná ceann de na mitíní bána de chraiceann meannán gabhair curtha uirthi aici a fhad is a bhí sí ag caint léi féin. "Conas faoin domhan braonach a d'éirigh liom é a chur orm?" ar sise. "Caithfidh mé a bheith ag dul i laghad arís." D'éirigh sí agus chuaigh sí go dtí an bord chun í féin a thomhas leis, agus de réir mar a d'fhéad sí tuairim a chaitheamh leis ní raibh ach dhá throigh airde anois inti, agus is ag dul i laghad a bhí sí go tiubh; rinne sí amach gurb é an fean a bhí ina lámh aici ba bhun leis, agus chaith sí uaithi é mar a chaithfeá iarann dearg sula n-imeodh sí ina ceo ar fad gan a tásc ná a tuairisc.

"Dia i mo chroí, gur maith a scar mé an iarracht seo," arsa Eibhlís léi féin, agus geallaimse duit gur baineadh preab aisti, ach pé scéal é bhí áthas uirthi go raibh sí beo in aon chor. "Rachaidh mé go dtí an gairdín anois," ar sise léi féin, agus as go brách léi siar go dtí an doras beag, ach, och! agus

och! nach raibh an doras beag dúnta arís agus an eochairín
óir leagtha ar an mbord gloine mar a bhí an chéad uair. "Tá
an scéal níos measa ná riamh," arsa an leanbh bocht léi féin,
"mar nach raibh mé riamh chomh beag leis seo cheana. Nach
dona an scéal é."

Lena linn sin shleamhnaigh a cos uaithi agus bhí sí go dtí
a béal i sáile. Shíl sí gurbh amhlaidh a bhí sí tar éis titim
isteach san fharraige. "Rachaidh mé abhaile ar an mbóthar
iarainn," ar sise léi féin. (Bhí Eibhlís cois farraige uair dá
saol, agus bhí sé socair ina haigne aici pé áit a rachfá ar
chóstaí na hÉireann go dteagmhódh bothán snámha leat,
scata leanaí ag baint gainimh le sluaistí adhmaid, tithe
iostais i ndiaidh a chéile, agus ar a gcúl sin go léir teach an
bhóthair iarainn.) Ach is gairid go raibh a fhios aici cá raibh
sí—istigh sa loch deor a shil sí a fhad a bhí sí naoi dtroithe
ar airde.

"Nach orm a bhí an mí-ádh agus an méid sin a ghol," arsa
Eibhlís, agus í sa snámh timpeall ag iarraidh teacht amach.

"Díolfaidh mé as anois," ar sise, "báfar mé i mo dheora féin, agus nach ait a fhéachfaidh sé gan dabht. Ach tá gach aon rud ait inniu, dar ndóigh."

D'airigh sí rud éigin ag lapadaíl sa loch gairid di agus shnámh sí níos giorra dó féachaint cad a bhí ann; shíl sí an chéad uair gur míol mór nó capall mara a bhí taobh léi, ach ansin nuair a chuimhnigh sí nach raibh oiread na fríde inti féin níorbh ionadh léi nach raibh ann ach luch a thit isteach sa loch mar a bhain di féin.

"Ní fheadar arbh aon tairbhe dom," arsa Eibhlís léi féin, "dul chun cainte leis an luch seo. Tá gach aon rud chomh neamhchoitianta sin anseo thíos nárbh ionadh liom dá mbeadh caint aici. In aon slí ní haon díobháil dom iarracht a bhaint as." Thosaigh sí: "A Luch, a chroí na páirte, an bhfuil a fhios agat aon slí amach as an loch seo. Tá mé cortha ó bheith ag snámh timpeall anseo, a Luch!" (Shíl Eibhlís gur mar seo ba chóir labhairt le luch; ní dhearna sí a leithéid roimhe sin cheana, ach ba chuimhin léi go bhfaca sí i seanleabhar gramadaí lena deartháir: "luch–luiche–do luich–luch–a luch!") D'fhéach an luch uirthi díreach mar a bheadh sí chun a rá léi: "Nach fiosrach atá tú a chaillichín," agus dhún an luch súil léi, ach ní dúirt sí dada.

"B'fhéidir," arsa Eibhlís léi féin, "nach dtuigeann sí Gaeilge in aon chor; gabhaimse orm gur luch ón bhFrainc í a tháinig i leith le muintir de la Poer." (Tar éis an méid staire go léir a bhí ag Eibhlís, ní róchruinn a bhí a fhios aici cathain a thit aon rud amach.) *"Où est ma chatte?"* ar sise leis an Luch. Sin é an chéad abairt a d'fhoghlaim sí as an leabhar Fraincise a bhí aici. Thug an Luch léim as a cabhail san uisce agus í go léir ar ballchrith le heagla. "Ó, gabhaim pardún agat," arsa Eibhlís go tobann, mar shíl sí go raibh sí tar éis rud a rá a ghoill uirthi. "Dhearmad mé go raibh an ghráin agat ar chait."

"An ghráin agam ar chait, an ea!" arsa an Luch de scréach. "Dá mba thusa mise ní fheadar an mbeadh an ghráin ar chait agat."

"B'fhéidir nach mbeadh, mhuise," arsa Eibhlís, ag caint go plámásach léi, "ach ná bíodh aon olc ort ina thaobh. B'fhearr liom ná aon rud go bhfaighinn ár gcatna, Pincín, a thaispeáint duit: is dóigh liom go dtiocfadh rud agat le cat dá bhfeicfeá í sin. Is í an caitín beag is láiche agus is macánta a chonaic tú i do shaol riamh í." Bhí Eibhlís ag rámhaille cainte léi féin mar seo agus í ag snámh ar a marthain timpeall an locha agus an Luch ag éisteacht. "Ba dheas leat féachaint uirthi ina suí cois na tine agus í ag crónán di féin, í ag lí a lapa beag agus ag ní a haghaidhe—agus, ó, ba dheas leat a bheith ina feighil, agus tá sí go hiontach chun lucha a mharú—ó, gabhaim pardún agat!" arsa Eibhlís arís. Bhí an fionnadh ina sheasamh ar dhroim na Luiche agus thuig an leanbh bocht nár thaitin an chaint sin léi. "Caithimis uainn é mar scéal nuair nach dtaitníonn sé leat."

"Caithimis uainn é, an ea!" arsa an Luch, agus gach aon phioc di ag crith siar go dtí a heireaball. "Mise ag caint ar dhaoine dá leithéidí sin! Bhí an ghráin mharbh riamh ag mo mhuintirse ar chait—daoine dána, otra, gan tabhairt suas.

Ná labhair amach as do bhéal arís liomsa ar dhaoine mar iad."

"Geallaim duit nach labhróidh," arsa Eibhlís, agus dithneas uirthi casadh a bhaint as an gcaint. "An mbeadh—aon mheas—agat ar—ar—ar mhadraí?" Níor thug an Luch aon fhreagra uirthi agus lean Eibhlís ag stealladh léi: "Tá madra beag deas sa teach is giorra dúinne sa bhaile agus ba mhaith liom é a thaispeáint duit. Madra beag gealgháireach, a bhfuil clúmh fada, casta, donn air. Madra beag a bhéarfadh chugat gach aon rud a déarfá leis agus a sheasfadh ar a dhá chos deiridh duit; madra a d'iarrfadh a dhinnéar ort agus gach aon rud eile a bheadh uaidh—ní bhfaighinn leath a ndéanfadh sé a léiriú duit—is le feirmeoir é, tá a fhios agat, agus tá sé chomh maith sin, deir sé, gur fiú céad punt é! Maraíonn sé na francaigh go léir dó, deir sé, agus—ó, tut, tut, tut!" arsa Eibhlís, go cráite léi féin, "tá an tubaiste déanta arís agam!" Bhí an Luch ag cur di uaithi chomh mear agus ab fhéidir léi ag lapadaíl léi tríd an uisce.

Ghlaoigh sí go deas séimh as a diaidh. "A Luch, a chroí," ar sise, "cas thar n-ais, agus mo lámh duit nach labhróimid ar chait ná ar mhadraí arís nuair nach áil leat iad." Nuair a d'airigh an Luch an méid sin d'iompaigh sí ar a sáil agus shnámh sí thar n-ais chuici; bhí a haghaidh chomh bán leis an mballa ("le neart faobhar feirge," arsa Eibhlís ina haigne féin). Bhí creathán ina guth nuair a dúirt sí, "Buailimis cuan in áit éigin agus inseoidh mé mo scéal duit, agus tuigfidh tú cad é an chúis dom an ghráin mharbh a bheith agam ar chait agus ar mhadraí."

Bhí sé in am bogadh mar bhí an loch go léir láimh le bheith lán d'éin agus d'ainmhithe eile a bhí tar éis titim isteach ann: bhí Eala agus Gobadán, Iolar agus Cearc Fhraoigh agus rudaí níos aistí ná a chéile ann. Bhí Eibhlís ina fear stiúrtha orthu, agus lean an chuid eile go léir í gur bhuail siad cuan agus gur tháinig siad i dtír.

CAIBIDIL III

Rás an Chiorcail agus Scéal Fada

B'ait ar fad an dream iad le féachaint orthu nuair a bhailigh siad isteach i dteannta a chéile ar an bport— na héin agus a gcleití agus a sciatháin ar sileadh leo, na hainmhithe eile agus an fionnadh buailte isteach in aon scraith fhliuch amháin orthu, iad go léir sna seacht silte, iad go neamhchompordach agus cruth na hainnise orthu.

Is é an chéad rud, ar ndóigh, a bhí ag déanamh buartha dóibh ach conas a thriomóidís iad féin; bhí gach éinne acu ag caint agus ag comhrá air seo, agus níor dhóigh leat ar Eibhlís nach amhlaidh a bhí a saol caite aici ina measc, rinne sí chomh dána sin orthu. Ba ghairid gur éirigh idir í féin agus an tIolar agus chrom siad ag suíomh ar a chéile: "Nach sine mise ná tú," arsa an tIolar, "agus nach fearr atá a fhios agam é." Níor lig Eibhlís leis é agus dúirt sí nach stríocfadh sí dó mura n-inseodh sé di cad é an aois a bhí aige, agus nuair nach n-inseodh d'éirigh siad as in ainm Dé.

Bhain sé le dealramh gur duine údarásach an Luch ina measc. "Suíodh gach aon mhac máthar agaibh síos," ar sise, "agus éisteadh sé liomsa agus geallaim daoibh gur gairid a bheidh mise do bhur dtriomú!" Shuigh siad go léir síos gan stad, an Luch istigh ina lár agus an chuid eile ina suí timpeall. Bhí Eibhlís ag cur na súl isteach tríthi, mar bhí sí deimhneach go mbuailfeadh slaghdán í mura n-éireodh léi í féin a thriomú gan mhoill.

"Is ea!" arsa an Luch go húdarásach, "'bhfuil gach éinne i gcóir? Seo é an rud is 'tirime' dá bhfaca mé riamh le mo linn; leagadh duine éigin agaibh gloine fíoruisce anseo i m'fhianaise. Táim buíoch díot—déanfaidh sin! Ciúnas oraibh anois, más é bhur dtoil é! 'Liam Concar, an fear sin a raibh beannacht an Phápa aige ar a chuid gnó, ní raibh sé i bhfad gur ghéill na Sasanaigh dó, mar bhí siad gan treoraí agus bhí siad i dtaithí géilleadh do lucht ceannais agus gabhála. Ghéill Eidbhin agus Morcar, Iarlaí Mercia agus Northumbria dó—'"

"Preit!" arsa an tIolar, agus é ar crith leis an bhfuacht.

"Gabhaim pardún agat, a dhuine chóir," arsa an Luch go séimh (ach mar sin féin, thaispeáin sí nár thaitin léi go mbeadh éinne ag cur isteach uirthi). Ar labhair tú?"

"Níor labhair mise," arsa an Gobadán go tobann.

"Ó, shíl mé gur labhair tú," arsa an Luch, agus lean sí den chaint faoi dheifear "'—ghéill Eidbhin agus Morcar, Iarlaí Mercia agus Northumbria dó; agus dá mba é Stigand féin é, .i. ardeaspag tírghrách Canterbury, chuaigh sé le hEdgar Aitling chun teagmháil le Liam agus an choróin a thairiscint dó. I dtosach na haimsire b'fhurasta go leor réiteach le Liam, ach ba dheacair agus ba ródheacair, agus ba ró- ró- ró-dheacair seacht n-uaire réiteach leis na Normannaigh—' Conas tá an saol ag éirí leat, a chuid den saol?" ar sise ag iompú ar Eibhlís.

"Táim chomh fliuch agus a bhí mé riamh," arsa Eibhlís go duasmánta, "agus ní beag sin. Ní dóigh liom go bhfuil do scéal ag déanamh pioc amháin triomaithe orm."

"Más mar sin atá an scéal," arsa an Gobadán, ag éirí ina sheasamh, "iarraimse oraibh glacadh leis an gcomhairle seo agamsa, .i. go gcuirfí an scéal ar athlá agus go mbainfimis iarracht fheidhmiúil, ghasta, fháidhiúil, fhórsúil, láidir, ghlic, as cuma éigin eile chun sinn féin a thriomú."

"Labhair go réidh, le hanamacha do mharbh," arsa an Chearc Fhraoigh, "cá bhfios dúinne leath a bhfuil tú a rá, agus rud eile ní fheadar an rómhaith atá a fhios agat féin é!" agus chrom sí a ceann chun nach bhfeicfí fáth an gháire ina béal; agus na héin eile, d'airigh an chuideachta go léir ag scigireacht iad.

"Is é an rud a bhí mé chun a rá," arsa an Gobadán, "nuair a thángthas trasna orm ach gurb é an tslí is fearr a gheobhaimis sinn féin a thriomú ach le rás éagríochta."

"Cad é rud é rás éagríochta?" arsa Eibhlís; ní hamhlaidh gur fios a bhí uaithi, ach bhí an Gobadán ina thost, agus bhraith sí air go raibh coinne aige go labhródh duine éigin, agus thug sí faoi deara nach raibh fonn cainte ar éinne.

"Déanaimis é," arsa an Gobadán, "agus sin é mar is fearr a thuigfidh tú é." (Agus b'fhéidir go rithfeadh sé leat féin é a dhéanamh lá éigin fuar geimhridh, agus mar sin inseoidh mé duit conas a rinne an Gobadán é.)

Rinne sé sórt ciorcail an chéad uair (dúirt sé gur chuma cad é an déanamh a bheadh air); cuireadh an chuideachta go léir ina seasamh thall agus abhus anseo agus ansiúd ar feadh an chúrsa. Ní dúirt éinne "a haon, a dó, agus a trí", ná, "fág an bealach"; ach thosaigh gach éinne mar ba mhaith leis agus stad sé nuair ba mhaith leis. Ba dheacair a rá cathain a bheadh an rás críochnaithe. Nuair a bhí siad timpeall leathuair an chloig ag gabháil dó mar sin, agus nuair a bhí siad go léir chomh tirim agus a bhí siad riamh, ghlaoigh an Gobadán amach i gcomhard a chinn agus a ghutha: "Tá an rás críochnaithe." Rith gach éinne isteach timpeall air, agus a dteanga amuigh acu agus iad á fhiafraí "Cé a ghabh, cé a ghabh?"

Ní bhfuair an Gobadán freagra a thabhairt ar an gceist sin gan mórán meabhrú agus marana. Bhí sé ina sheasamh ansin ar feadh i bhfad agus a mhéar leagtha ar a éadan aige (ar an bhfuitinn céanna agus a fheiceann tú Fionnán Mac Coluim sna pictiúir). Bhí an chuid eile ina seasamh timpeall ar feadh na haimsire agus gan gíog astu. I ndeireadh thiar thall tháinig a chaint dó agus dúirt sé, "Tá an bua ag gach éinne agus caithfidh gach éinne duais a fháil."

"Ach cé a thabharfaidh amach na duaiseanna?" arsa gach éinne d'aon ghuth.

"An bhean uasal, dar ndóigh," arsa an Gobadán, ag tagairt d'Eibhlís, agus bhailigh gach éinne timpeall uirthi agus iad go léir ag caint in aon diúra dheabhra amháin agus ag glaoch amach, "Duaiseanna! Duaiseanna!"

Ní raibh a fhios ag Eibhlís sa domhan braonach cad a dhéanfadh sí, ach chuir sí a lámh síos ina póca, agus ba é ba sheansúla ar domhan é tharraing sí amach bosca milseán casachta (bhí an t-ádh leo nár tháinig uisce na sáile orthu), agus roinn sí orthu iad mar dhuaiseanna. Ní raibh ann díreach ach ceann an duine dóibh.

"Ach caithfidh sí duais a thógáil í féin," arsa an Luch.

"Ó, caithfidh, dar ndóigh," arsa an Gobadán; "cad eile tá i do phóca agat?" ar seisean, ag iompú ar Eibhlís.

"Níl dada go Dia eile agam," arsa Eibhlís go brónach, "ach méaracán."

"Sín amach anseo chugam é," arsa an Gobadán.

Bhailigh siad go léir isteach timpeall uirthi arís a fhad agus a bhí an gobadán go cúramach ag bronnadh an mhéaracáin uirthi, agus á rá, "Iarraimid ort ónár gcroí amach an méaracán álainn seo a ghlacadh uainn." Nuair a bhí deireadh leis an méid sin cainte aige, "Tar slán, tar slán," ar siadsan go léir.

Searbhas a bhí ag Eibhlís ar an ngnó ar fad, ach d'fhéach siad go léir chomh mór sin i ndáiríre nach ligfeadh an eagla di cromadh ag gáire, agus nuair nach bhfaigheadh sí cuimhneamh ar aon rud a rá, d'umhlaigh sí dóibh agus ghlac sí an méaracán ag ligean uirthi a bheith chomh dáiríre agus ab fhéidir léi.

An chéad rud eile a bhí le déanamh anois ach na milseáin chasachta a ithe; eachtra an chibeala a bhí acu á dhéanamh sin. Dúirt na héin mhóra nach bhfaighidís iad a bhlaiseadh agus bhí na héin bheaga á dtachtadh acu sa tslí gur caitheadh iad a bhuaileadh sa droim. Cuireadh deireadh leis an ngnó pé scéal é, agus chonlaigh siad go léir timpeall ar an Luch arís agus chuaigh siad in achainí uirthi roinnt eile a insint dóibh.

"Gheall tú dom go n-inseofá cúrsaí do bheatha dom," arsa Eibhlís léi, "agus cad é an chúis a raibh an ghráin mharbh agat ar—Ch. agus ar Mh." Dúirt sí an méid sin i gcogar léi, mar bhí sórt eagla uirthi go gcuirfeadh sí olc arís uirthi.

"Scéal fada, brónach, mo scéalsa," arsa an Luch, ag iompú ar Eibhlís agus ag cur osna aisti.

"Scéal, scéal, eireaball ar éan," arsa Eibhlís, agus chrom sí ag cuimhneamh ar na scéalta Fiannaíochta agus eachtraí Fhinn Mhic Cumhaill a d'airigh sí sa bhaile ar a tinteán féin ó rugadh í. Chuimhnigh sí ar "Oidhe Chlainne Lir", agus ar "Oidhe Chlainne Uisnigh", ar "Eachtra Dheirdre", agus ar oidheanna agus eachtraí eile nach iad féachaint arbh fhéidir go mbeadh aon bhreith ag aon scéal díobh ar scéal na Luiche.

"Níl tú ag éisteacht liom," arsa an Luch go crosta le hEibhlís. "Cad air a bhfuil tú ag cuimhneamh?"

"Ó, gabhaim pardún agat, a dhuine uasail," arsa Eibhlís go sár-íseal, "bhí tú ag an gcúigiú casadh, nach raibh?"

"Thug tú d'éitheach, ní raibh," arsa an Luch.

"Má thug, tugtar thar n-ais dom é," arsa Eibhlís, "b'fhéidir nach beag a bhfuil tugtha uaim agam in aon lá amháin agus gan an rud is túisce chugam a thabhairt uaim."

"Caith uait do chuid raiméise," arsa an Luch, "níl tú ach ag stealladh magaidh fúm; tá tú ag tabhairt tarcaisne dom," ar sise, ag imeacht léi.

"Ó, Dia linn is Muire," arsa Eibhlís, "i bhfad uainn an t-olc agus an anacair, ní ar an intinn sin a bhí mé, ach tá a fhios agat gur furasta olc a chur ort."

Ní dhearna an Luch ach uallfairt a chur aisti.

"Cas thar n-ais, más é do thoil é, agus cuir deireadh le do scéal," arsa Eibhlís. Ghlaoigh siad go léir d'aon ghuth uirthi—ach ní dhearna sí ach croitheadh a bhaint as a ceann go mífhoighneach agus cur di níos mire.

"Nach é an feall nach bhfanfaidh sí," arsa an tIolar, ag cur osna as nuair a d'imigh sí as radharc. "Is ea, anois, a iníon ó!" arsa Seanphortán le hiníon di a bhí taobh léi, "sin ceacht agat gan ligean don fhearg buachan ort."

"Dún do bhéal, a mham," arsa an Portán óg, "dar ndóigh, ní bhfaigheadh an t-oisre féin cur suas leatsa!"

"B'fhearr liom ná aon rud," arsa Eibhlís léi féin (ach ard go leor go n-aireofaí í), "go mbeadh Pincín seo againne in ár measc, b'fhearr sin; is í a bhéarfadh thar n-ais an Luch úd, agus gan a bheith i bhfad ar a thí ach an oiread."

"Agus cé hí Pincín, dála an scéil?" arsa an tIolar, "mura miste dom a fhiafraí."

Thug Eibhlís freagra air gan stad, mar bhíodh áthas uirthi i gcónaí a bheith ag caint i dtaobh a peata beag féin. "Pincín, ár gcatna; níl aon rud le buachan uirthi chun breith ar luch.

Ba mhaith liom dá bhfeicfí í ag fiach na n-éan. Bheadh beirthe aici ar aon cheann acu a fhad a bheifeá ag féachaint timpeall ort."

Bhain an chaint seo preab as an gcuideachta. Chuir cuid de na héin díobh gan a thuilleadh moille; agus Seanmheaig a bhí ann chrom sí ag dúnadh chuici isteach a dhá sciathán chomh baileach agus ab fhéidir léi: "Tá sé in am domsa a bheith ag cur péatar díom, ní réitíonn aer na hoíche le mo scornach." Ghlaoigh an Canáraí amach ar a chlann féin agus thaispeáin a chaint go raibh sé go heaglach: "Tagaigí abhaile, a chlann ó, tá sé in am agaibh a bheith in bhur gcodladh!" D'imigh gach éinne acu chun siúil mar sin ina nduine agus ina nduine—gach duine acu agus a leithscéal féin aige. Ba ghairid gur fágadh Eibhlís léi féin.

"Ó, mhuise, b'fhearr liom ná aon rud nach dtarraingeoinn chugam Pincín arís," ar sise léi féin, "ní theastaíonn ó éinne ar an taobh seo de dhúiche aon rud a aireachtáil ina taobh, agus féach ormsa gur dóigh liom gurb í an caitín is fearr sa domhan í. Ó, a Phincín, a chroí! Ní fheadar an bhfeicfidh mé go deo arís thú"; agus thosaigh an leanbh bocht ag gol go faíoch arís. Bhí a croí ag imeacht uaithi, agus bhraith sí í féin an-uaigneach. Ba ghairid gur airigh sí an lapadaíl bheag arís ag teacht d'iarracht uirthi. Thóg sí a ceann agus iarracht de dhóchais aici gurbh í an Luch a bhí ag casadh, tar éis di teacht ar athsmaoineamh, chun deireadh a chur lena scéal.

Tadhg sa Simléar

An Coinín Gléigeal a bhí ag sodar thar n-ais arís, agus é ag féachaint timpeall air ar gach aon taobh mar a bheadh sé ag lorg rud éigin a chaill sé. Bhí sé ag caint leis féin: "An Bandiúc! An Bandiúc!" a deireadh sé. "Dar seo agus siúd, agus dar an lapa seo orm! Dar m'fhionnaidh, agus mo chuid féasóige! Crochfaidh sí mé chomh siúráilte agus tá eireaball ar mhadra! Cár thit sé uaim ní fheadar?" Thomhais Eibhlís ar an nóiméad gur ag lorg an fhean agus na mitíní bána de chraiceann meannán gabhair a bhí sé, agus chrom sí á lorg, ach ní raibh teimheal díobh in aon áit—bhí athrú tar éis teacht ar gach aon rud ó bhí sí ag snámh i linn na ndeor, agus bhí an halla mór agus an bord gloine agus an doraisín beag imithe gan a dtuairisc.

Is gairid go bhfaca an Coinín Eibhlís agus í ag rith timpeall i ngach aon áit. "Is ea, a Mháire Anna, cad a thug anseo anuas thú? Rith leat abhaile go mear agus tabhair chugam péire mitíní agus fean! Ná bí i bhfad ar a dtí anois!" Agus bhí an oiread sin eagla ar Eibhlís gur chuir sí di chomh mear agus ab fhéidir léi sa tslí ar ordaíodh di gan aon iarracht a dhéanamh ar a chur in iúl don Choinín an dearmad a bhí déanta aige.

"Shíl sé gur mé a chailín aimsire féin," ar sise léi féin, agus í ag cur di. "Nach ait a bheidh an scéal aige nuair a bheidh a fhios aige cé hé mé!" Is fearr dom na mitíní agus an fean a bhreith chuige, pé scéal é—sin é má éiríonn liom iad a fháil." Cad a bhuailfeadh léi ná teach beag néata agus pláta beag práis lasmuigh ar lár an dorais agus na focail "m. ó coinín' greanta air. Isteach léi, gan bualadh ar an doras ná aon rud, agus in airde staighre léi agus eagla a croí uirthi go mbuailfeadh an Mháire Anna cheart léi agus go gcuirfí scrios amach an doras léi sula bhfaigheadh sí na mitíní agus na córacha eile a bhí uaithi.

"Nach ait an rud domsa a bheith ag déanamh teachtaireachtaí do choinín!" arsa Eibhlís léi féin. "Is é an chéad rud eile ach go mbeidh mé ag déanamh teachtaireachtaí do Phincín!" Agus chrom sí ag cuimhneamh ina haigne féin conas a bheadh an scéal aici: "'A Eibhlís, a chailín, tar anseo gan stad agus cuir tú féin i gcóir chun teacht ag siúl!' 'Ar an nóiméad, a bhanaltra, ach caithfidh mé fuireach anseo go gcasfaidh Pincín. Dúirt sé liom gan an luch a ligean amach as an bpoll seo go gcasfadh sé.' Ach is baol liom gur gairid a choimeádfaí Pincín faoi mhúrtha an tí dá mbeadh sé ag tabhairt orduithe mar seo do dhaoine."

Díreach glan agus í ag caint mar seo léi féin cad a bhuailfeadh léi ná seomra beag néata agus boirdín beag leagtha in airde ar an bhfuinneog, agus (dá mba dhóichí ar domhan é) bhí fean agus cúpla péire nó trí de mhitíní de chraiceann meannán gabhair ar an mbord. Thóg sí an fean agus péire de na mitíní, agus díreach agus í chun an seomra a fhágáil, cad air a leagfadh sí a súil ach ar bhuidéilín beag a bhí ina sheasamh gairid don scáthán. Ní raibh aon chomharthaí sóirt ag gabháil leis an mbuidéilín seo ná ní raibh na focail "ól mé" scríofa lasmuigh air, ach mar sin féin, bhain sí an corc as agus chuir sí chun a béil é. "Tá a fhios agam go maith anois go mbaineann rud éigin iontach dom gach aon uair a ithim nó a ólaim aon rud," arsa Eibhlís léi féin; "is ea, más ea, beidh a fhios agam cad a dhéanfaidh an buidéal seo liom. B'fhearr liom ná aon rud go gcuirfeadh sé toirt éigin arís ionam; táim ag éirí tuirseach ó bheith chomh beag seo."

Agus murar chuir an buidéal i méid í ní lá fós é, agus níos mire ná mar a bhí coinne aici leis; sula raibh leath an bhuidéilín diúgtha aici bhí a ceann in airde go dtí an tsíleáil agus murach chomh luath agus a chaith sí uaithi é bhí a muineál cnagtha. "Is leor sin," ar sise léi féin, "tá coinne agam nach bhfásfaidh mé a thuilleadh; ní bheidh mé ábalta ar dhul amach an doras cheana féin—nach orm a bhí an mí-ádh agus an oiread sin de a ól."

Och! Mo chreach! Ba mhairg di nár chuimhnigh sí uirthi féin níos túisce! Bhí sí ag fás agus ag fás gur chaith sí dul ar a glúine síos ar an urlár; agus sa chéad nóiméad eile ní raibh slí aici mar sin féin. Chuir sí uilleann léi i gcoinne an dorais agus chas sí an ghéag eile léi timpeall ar a ceann; ach ba mhar a chéile é, bhí sí ag fás i gcónaí. Ach i ndeireadh na dála rop sí lámh léi amach as an bhfuinneog agus cos léi suas sa simléar; "mura dtabharfaidh an méid sin aon fhuascailt dom," ar sise léi féin, "táim tugtha. Ní fios cad é an deireadh a bheidh orm."

Bhí an t-ádh léi gur ráinigh deireadh le draíocht an bhuidéilín; níor mhéadaigh sí a thuilleadh, ach dhubhaigh agus theann uirthi mar ní raibh aon fháil aici teacht amach as an seomra. Níorbh ionadh go raibh sí cráite ina haigne.

"Ba dheise go mór agam an scéal sa bhaile, nuair nach mbínn ag dul i méad agus ag dul i laghad mar seo, agus nuair nach mbíodh sé orm toradh a thabhairt ar lucha ná ar choiníní. B'fhearr dom nach leanfainn riamh an coinín sin síos sa pholl—mar sin féin, is iontach an saghas saoil atá agam. Ní fheadar sa domhan braonach cad is cor dom. Nuair a bhínnse ag léamh scéalta i dtaobh na "ndaoine maithe" ba dhóigh liom nárbh fhéidir a leithéid de rudaí a bheith amhlaidh in aon chor, ach féach orm féin anois agus na rudaí is iontaí sa domhan ag titim amach orm. Ba cheart go ndéanfaí leabhar orm, ba cheart sin. Nuair a fhásfaidh mé suas i mo bhean scríobhfaidh mé féin leabhar—ach, dar ndóigh, nach an iomarca fáis atá fúm anois—bheadh an mí-ádh ceart orm dá bhfásfainn a thuilleadh anseo pé scéal é.

"Ach, mo dhearmad, ní fheadar an rachaidh mé in aois a thuilleadh?" Ba dheas é sin i slí—gan a bheith i mo shean-bhean go deo—ach i slí eile bheadh an mí-ádh orm—bheadh ceachtanna le foghlaim agam go deo. Níor mhaith liom sin!

"Ó, a dhuine gan chéill!" arsa Eibhlís léi féin (ag teacht ar athsmaoineamh), "conas is féidir leat ceachtanna a fhogh-laim istigh anseo? Dar ndóigh, níl slí duit féin ann, ní áirím do leabhair."

Lean sí uirthi ag raiméis mar sin léi féin, gur airigh sí guth lasmuigh, agus chuir sí cluas uirthi féin.

"A Mháire Anna! A Mháire Anna!" arsa an guth "tabhair amach mo mhitíní chugam gan stad!" Ansin d'airigh sí lapadaíl bheag ar an staighre. Bhí a fhios aici gurbh é an Coinín a bhí ag teacht á lorg, agus chrith sí ó bhonn go baithis, agus chrith sí an teach le neart faobhar eagla roimh an gCoinín agus í míle uair, í féin, níos mó agus níos láidre ná é. Níor cheart go mbeadh aon chúrsaí eagla aici roimhe.

Tháinig an Coinín go dtí an doras agus shíl sé é a chur isteach, ach níor fhéad sé, mar bhí uillinn Eibhlíse go daingean laistigh leis. D'airigh Eibhlís é á rá leis féin go rachadh sé timpeall agus go rachadh sé isteach san fhuinneog.

"Dar m'fhallaing nach rachaidh tú," arsa Eibhlís léi féin, agus d'fhan sí gur airigh sí go raibh an Coinín faoin bhfuinneog agus leath sí amach a ladhar chun breith air, mar a shíl sí. Ní bhfuair sí greim ar aon rud, ach d'airigh sí cnead agus titim agus briseadh gloine, agus chreid sí gurbh amhlaidh a bhí sé tar éis titim isteach i mbosca gloine.

Ansin d'airigh sí an guth go feargach—guth an Choinín—ag glaoch amach: "A Phádraig, a Phádraig, cá bhfuil tú?" Agus ansin d'airigh sí guth nár airigh sí riamh roimhe á fhreagairt: "Dar ndóigh, mhuise! Táim anseo, ag baint úll, más é toil d'onóra uasail é."

"Ag baint úll, an ea?" arsa an Coinín, go feargach. "Le hanamacha do mharbh tar anseo go mear agus fuascail orm." (D'airigh Eibhlís fothram mar a bheadh gloiní ag briseadh arís.)

"Inis dom, a Phádraig, cad é an rud é sin san fhuinneog?"

"Géag é sin, dar ndóigh, a Mháistir."

"Géag! A phleidhce amadáin! Dar ndóigh, ní fhaca Críostaí riamh géag chomh mór léi sin. Nach bhfeiceann tú go bhfuil lán na fuinneoige ann!"

"Tá, lán na fuinneoige ann, mhuise, a Mháistir; mar sin féin, géag is ea é."

"Níl aon ghnó aici ansin pé scéal é: téigh agus caith as í an nóiméad seo!"

Bhí gach aon rud go ciúin ar feadh scaithimh ina dhiaidh sin, agus níor airigh Eibhlís ach cogar anois agus arís mar seo: "Ní maith liom é a dhéanamh, a chuigint ná in aon chor, a Mháistir!" "Déan mar a deirim leat, a shuaracháin lagchroíoch!" Sa deireadh chuir Eibhlís a lámh amach arís agus thug sí snap eile féachaint an ráineodh di breith ar aon rud. Chuir rud éigin geonaíl as, agus d'airigh sí na gloiní á mbriseadh arís. "Nach fairsing atá na boscaí gloine acu," arsa Eibhlís léi féin. "Ní fheadar faoin domhan cad é an chéad rud eile a dhéanfaidh siad! Níorbh fhearr liom rud a dhéanfaidís ná mé a shracadh amach as seo! Is beag dá fhonn atá orm fuireach anseo níos sia!"

Bhí gach aon rud ciúin ansin arís ar feadh scaithimh eile gur airíodh fothram mar a bheadh ag rothaí cairte agus daoine ag siosma agus ag caint le chéile. Thuig Eibhlís an chaint: "Cá bhfuil an dréimire eile?—Dar ndóigh, ní raibh ach ceann agamsa le tabhairt liom; tá an ceann eile ag Tadhg.—A Thaidhg! Beir chugam anseo í, a dheartháir! Is ea, leag suas anseo i gcoinne an chúinne seo iad.—Ná déan. Ceangail ina chéile an chéad uair iad.—Ní shroicheann siad suas leath na slí in aon chor fós.—Dhera! Déanfaidh siad an gnó go maith mar atá siad.—Nach cuma duit sa tubaiste.— Seo, a Thaidhg, beir ar an téad seo; teann an phiac, a Mhaidhc!—Ní fheadar an dtabharfaidh ceann an tí orainn.—Féach amach don tslinn sin, tá sí bog; ó, an diabhal mé, go bhfuil sí ag titim!—Féach amach do bhur gcloigeann ansin thíos" (rinneadh smidiríní di ar an talamh).—"Féach anois! Cé a rinne é sin? Cé a dhéanfadh é ach Tadhg.—Cé a rachaidh síos sa simléar? Ní rachaidh *mise* pé scéal é! Téigh *féin* ann! Ar mh'alainn féin nach rachaidh, b'fhearr liom breall ort! Tadhg atá le dul síos.—Seo, a Thaidhg, deir an máistir go gcaithfidh tusa dul síos sa simléar!"

"Agus caithfidh Tadhg dul síos sa simléar," arsa Eibhlís léi féin. "Tá an riach is a mháthair sa mhullach ar Thadhg! Ní bheinn in áit Thaidhg ar ór na Mumhan! Tá an tinteán seo roinnt cúng, ach mar sin féin, is dóigh liom go n-éireoidh liom speach a chaitheamh!"

Tharraing sí chuici a cos, anuas as an simléar, chomh fada agus a d'fhéad sí, agus choimeád sí mar sin í gur airigh sí

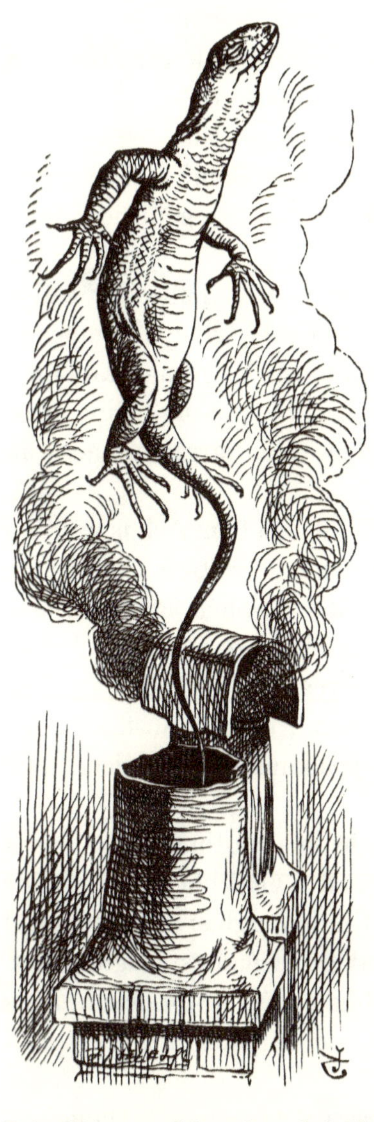

ainmhí beag éigin (ní bhfaigheadh sí a dhéanamh amach cad é an sórt é) ag scríobadh agus ag lapadaíl ar fud an tsimléir rud beag suas uaithi. "Seo chugainn Tadhg de réir dealraimh," arsa Eibhlís léi féin, agus lena linn sin chaith sí speach bheag agus chuir sí cluas uirthi féachaint cad é an chéad rud eile a d'aireodh sí.

D'airigh sí iad go léir d'aon ghuth ag glaoch amach: "Féach! Tadhg! Sin é Tadhg in airde san aer!" Agus d'airigh sí an Coinín ag glaoch in airde a chinn is a ghutha: "Beirigí air, sibhse atá ansin cois an chlaí." Bhí gach aon rud ciúin ansin ar feadh scaithimhín ach ba ghairid gur éirigh an gheoin chainte arís: "Coimeád siar a cheann.—Cá bhfuil an branda?—Ná tachtaigí é.—Is ea, a dhuine bhoicht, chonaic tú Murchadh!—Cad a bhain duit in aon chor? Inis dúinn cad ba chor duit?"

I ndeireadh na scríbe d'airigh sí geonaíl bheag lag ("Sin é Tadhg," arsa Eibhlís léi féin) á rá: "Bhuel, is ar éigean atá a fhios agam.—Ní bheidh a thuilleadh agam anois, go raibh maith agat.—Táim roinnt níos fearr anois. Ach táim rud beag róchorraithe chun a insint daoibh—ach an méid seo de, go bhfuil a fhios agam gur bhuail rud éigin thiar ar bhun an droma mé a chuir in airde sna firmimintí mé!"

"Chuir, a dhuine bhoicht," ar siadsan go léir.

"Caithfear an teach a dhó," arsa an Coinín. "Dar mise, mhuise," arsa Eibhlís, "má dhéantar go gcuirfidh mise Pincín sa mhullach oraibh."

Níor bheag sin; níor fhan focal acu. "Ní fheadar cad a dhéanfaidh siad anois," arsa Eibhlís léi féin. "Dá mbeadh ciall acu bhainfidís an ceann den teach." I gceann tamaillín eile thosaigh siad ag siúl timpeall agus ag caint arís. "Déanfaidh lánbharra an gnó den chéad iarracht," arsa an Coinín.

"Lánbharra de cad é?" arsa Eibhlís léi féin. Ach is gairid a bhí sí gan a fhios aici, mar díreach sula raibh an focal as a béal aici tháinig mar a bheadh cith gairbhéil ag clagarnach isteach san fhuinneog, agus bhuail cuid acu isteach san aghaidh uirthi. "Cuirfidh mise deireadh leis an obair seo," ar sise léi féin. Labhair sí ansin chomh hard is ab fhéidir léi: "Caithigí uaibh," ar sise, agus geallaim duit go ndeachaigh siad i gciúnas arís.

Bhí áthas agus iontas ar Eibhlís nuair a thug sí faoi deara go raibh cácaí beaga á ndéanamh den ghairbhéal de réir mar a bhí siad ag titim ar an urlár. Chuimhnigh sí ar an nóiméad go mb'fhéidir, dá n-íosfadh sí iad, go rachadh sí i laghad arís. "Níl aon fháil agam," ar sise, "dul i méid a thuilleadh, agus má tá sé de bhua acu aon athrú a dhéanamh orm is i laghad a rachaidh mé gan aon agó."

D'ith sí ceann acu agus d'éirigh a croí nuair a chonaic sí gur thosaigh sí ag dul i laghad ar an nóiméad dearg. Chomh luath agus a bhí sí beag go leor chun í féin a tharraingt amach tríd an doras rith sí ar éigean amach as an teach, agus cad a bheadh ann ach scata mór ainmhithe beaga agus éan i ngach aon áit timpeall lasmuigh. Bhí an tEarc Luachra beag (b'shin é Tadhg) ina sheasamh istigh ina lár agus dhá bhainbhín muice á choimeád ina sheasamh istigh eatarthu agus iad ag tabhairt braoinín beag as buidéal dó anois agus arís. Rith siad go léir chun Eibhlíse chomh luath agus a chonaic siad í, ach theith sí uathu chomh mear agus a bhí ina cosa, agus isteach léi i gcoill i bhfolach uathu.

"Is é an chéad rud ná a chéile atá le déanamh anois agam," ar sise léi féin agus í ag siúl ar fud na coille, "ach dul i méid go mbeidh mé i mo mhéid féin arís, agus an dara rud ná mo shlí a dhéanamh isteach sa ghairdín álainn úd. Sin é an rud is fearr dom anois."

Bhí a caint ráite aici, ach conas a thabharfadh sí faoi? Conas a thosódh sí? A fhad a bhí sí ag déanamh a marana mar seo agus í ag glinniúint amach trí na crainn d'airigh sí an sceamh beag géar in airde os a cionn agus d'fhéach sí suas.

Bhí coileán mór bolgshúileach ag féachaint anuas uirthi agus a lapa sínte amach aige ag iarraidh é a chuimilt di. "Mhuise, a chreatúirín bhoicht!" arsa Eibhlís, ag iarraidh é a bhladar, agus rinne sí iarracht ar fhead a ligean air; bhí uafás uirthi ar eagla go mb'fhéidir go mbeadh ocras air, agus dá dtitfeadh amach go mbeadh, dar ndóigh, d'íosfadh sé í d'ainneoin a cuid bladair.

Ní maith a bhí a fhios aici cad a bhí sí a dhéanamh. Thóg sí cipín beag ina lámh agus chuir sí suas faoi chaincín an choileáinín é. Bhuel! a dhuine, d'éirigh sé de léim as a chabhail in airde san aer agus lig sé sceamh as le neart faobhar áthais, agus seo chun an chipín é agus é ag ligean air a bheith ag imirt leis. Chuaigh Eibhlís ar scáth feochadáin a bhí taobh léi ar eagla go ndéanfaí easair di, agus chomh luath agus a bhí sí ar an taobh thiar den fheochadán rinne an coileán glám eile ar an gcipín agus cuireadh toll thar ceann é den iarracht sin.

D'fhéach an scéal go léir d'Eibhlís chomh huafásach agus dá mba chapall é an coileáinín, agus bhí eagla uirthi gach aon nóiméad go siúlfaí sa mhullach uirthi, agus bhí sí ag teitheadh uaidh chomh maith agus a d'fhéad sí timpeall an fheochadáin. Chrom an coileáinín ar shlí eile chun teacht ar an gcipín dúmas; théadh sé siar i ndiaidh a chúil, agus ansin thugadh sé sí reatha chun cinn agus é ag sceamhaíl ar a dhícheall ar feadh na haimsire go léir. Sa deireadh shuigh sé síos tamall amach ón gcipín agus a theanga amuigh aige, cortha sáraithe mar a bhí Bran, saothar air, agus a dhá shúil mhóra leathoscailte.

Anois an t-am d'Eibhlís teitheadh má bhí sí chun teitheadh in aon chor. Chuir sí di chomh mear agus a bhí inti, agus níor stad sí go raibh a hanáil imithe uaithi agus í cortha traochta. D'airigh sí sceamh an choileáinín i bhfad ó bhaile.

"Nár chanta an coileáinín é as an magadh sin," arsa Eibhlís léi féin, nuair a tháinig a caint di agus í i bhfolach ar scáth chraobh an bhainne bó bleachtáin agus í á fhionnuarú féin le bileog de. "Ba mhaith liom a bheith ag múineadh cleas dó siúd—sin é dá mbeinn mór go leor chuige! Ó, a chiallach! dóbair dom é a dhearmad; dar ndóigh, caithfidh mé dul i méid chomh mear agus atá ionam é! Is ea, agus conas a thabharfaidh mé faoi? Caithfidh mé rud éigin a ithe nó a ól—ach cad a íosfaidh mé nó cad a ólfaidh mé? Sin í an fhadhb! Sin í an phraip."

D'fhéach Eibhlís timpeall uirthi i ngach aon áit—ar na luibheanna, ar an bhféar glas, ach níor ráinigh aon rud léi a déarfadh sí a d'oirfeadh dá gearán. Bhí muisiriún mór ag fás taobh léi a bhí díreach timpeall chomh hard léi féin; agus nuair a bhí sí tar éis féachaint faoi agus ar gach taobh de chomh maith le taobh thiar de, dúirt sí léi féin go raibh sé chomh maith di féachaint cad a bhí ar a bharr.

Sheas sí ar bharra a gcos agus d'fhéach sí in airde thar chiumhais an mhuisiriúin, agus cad a d'fheicfeadh sí ann ina shuí in airde ar a bharr, a dhá lámh fillte ina chéile aige agus é ag caitheamh a phíopa dó féin agus gan aon suim aige in Eibhlís ná in aon rud eile ná péist chabáiste mhór ghorm.

Comhairle Crumhóige

D'fhéach an Chrumhóg (tugtar "crumhóg" ar an bpéist chabáiste) agus Eibhlís ar a chéile feadh tamaill gan an oiread agus focal as éinne acu. Sa deireadh bhain an Chrumhóg an píopa as a bhéal agus labhair sé léi i nguth faonlag codlatach.

"Cé hé tusa?" arsa an Chrumhóg.

Ba bhocht an bogadh chun seanchais a leithéid seo de cheist a chur. D'fhreagair Eibhlís é go haimhleasc: "Is ar éigean atá a fhios agam féin cé hé mé féin faoi láthair, a dhuine uasail—tá a fhios agam cérbh é mé ar maidin nuair a d'éirigh mé, ach is mó cor agus athrú a chuir mé díom ó shin."

"Cad é an bhrí atá agat leis an gcaint sin?" arsa an Chrumhóg go dána. "Mínigh dom brí do scéil!"

"Ní féidir liom aon mhíniú in aon chor a thabhairt i mo thaobh féin duit, a dhuine uasail," arsa Eibhlís, "tá a fhios agat nach mise mé féin in aon chor."

"Níl a fhios agam aon rud dá leithéid," arsa an Chrumhóg.

"Is baol liom," arsa Eibhlís go dea-bhéasach, "nach féidir liom aon solas níos fearr a thabhairt duit ar mo chúrsaí; níl solas agam féin orthu, agus is bacach an tosach ar mo scéal a insint é sin. Is mór an crá do dhuine a bheith ag dul i laghad agus ag dul i méid chomh minic sin."

"Deirimse nach ea," arsa an Chrumhóg.

"Ó, b'fhéidir," arsa Eibhlís, "nár tharla mar sin duitse fós, ach beidh tú i do phéist lá breá éigin, agus ina dhiaidh sin beidh tú i d'fhéileacán, agus déarfainnse, pé scéal é, nach mbeidh tú róshásta a bheith ag athrú chomh minic sin."

"Riach pioc caduaic a chuirfidh sé orm," arsa an Chrumhóg.

"Ó, b'fhéidir," arsa Eibhlís, "nach é an nádúr céanna atá ionainn, ach tá a fhios agam gur ait liomsa a leithéid."

"Leatsa, an ea," arsa an Chrumhóg. "Cé hé tusa, más ea?"

Agus tharraing an cheist sin siar chun tosach an tseanchais arís iad. Níor thaitin le hEibhlís an tsnabaireacht seo ón gCrumhóg, agus bhain sí stiúir aisti féin agus dúirt i gcorp lom dáiríreachta: "Is dóigh liom," ar sise, "gur cheart duitse a insint domsa cé hé tú féin i dtosach."

"Cad é a chúis?" arsa an Chrumhóg.

Chuir an cheist seo an chaint sa mhuileann arís orthu, agus ós rud é nach bhfaighidís réiteach le chéile d'iompaigh Eibhlís ar a sáil agus bhí sí ag imeacht léi.

"Cas," arsa an Chrumhóg, "tá rud éigin tábhachtach agam le rá leat."

Is ea, bhí dealramh éigin ar an gcaint sin, agus chas Eibhlís thar n-ais arís.

"Iompair tú féin," arsa an Chrumhóg.

"Nach raibh le rá agat liom ach an méid sin?" arsa Eibhlís, agus bhrúigh sí fúithi chomh maith agus a d'fhéad sí é.

"Bhí," arsa an Chrumhóg.

Dúirt Eibhlís léi féin go raibh sé chomh maith aici a suaimhneas a cheapadh agus go mb'fhéidir go n-inseodh sé rud éigin di arbh fhiú éisteacht leis. Ar feadh roinnt nóiméad tharraing sé leis a phíopa agus gan aon fhocal cainte aige, ach faoi dheireadh scaoil sé a dhá lámh as a chéile agus bhain sé an píopa as a bhéal agus labhair sé. "Agus is dóigh leat go bhfuil athrú ort?" ar seisean.

"Tá eagla orm go bhfuil," arsa Eibhlís, "ní féidir liom cuimhneamh ar rudaí mar ba thaithíoch liom agus ní fhanaim sa mhéid ná sa riocht céanna ar feadh aon deich nóiméad!"

"Cad iad na rudaí nach féidir leat cuimhneamh orthu?" arsa an Chrumhóg.

"Shíl mé '*Fiach an mhadra rua sa Rinn*' a rá, sin amhrán a d'airínn ag Uilliam Thaidhg, agus bhí sé go léir ag dul sa mhuileann orm," arsa Eibhlís go truamhéalach.

"Abair '*An té chífeadh an t-iontas*' dom," arsa an Chrumhóg.

Chuir Eibhlís a dhá lámh taobh thiar dá droim agus thosaigh sí:—

"An té chífeadh an t-iontas chonaic mise an lá úd,
Madra rua ar sodar agus diallait ón Spáinn air,
Poc fia ar a mhuin agus é ag imirt ar chláirsigh,
Damhán alla agus téad aige á tharraingt thar sáile.

M'anamsa an deadaró dilín ó déaró
M'anamsa an deadaró dilín ó déaró
M'anamsa an deadaró dilín ó déaró
Bobaró deirimse agus déinid rince.

An té chífeadh an t-iontas chonaic mise an lá úd,
Cnoc Mhaol Domhn' istigh i mbord arthaigh,
Baile na Sagart ag ól a sláinte,
Táilliúir i mbéal muice agus é ag scuabadh na sráide.

M'anamsa an deadaró dilín ó déaró
M'anamsa an deadaró dilín ó déaró
M'anamsa an deadaró dilín ó déaró
Bobaró deirimse agus déinid rince.

An té chífeadh an t-iontas chonaic mé i gcrann giúise,
Feannóg agus cliath aici ag caitheamh le francaigh.
Bhí oiread ceann capaill de bhosca ar a ceann thuas,
A's í ag díol a cuid earraí idir Chorcaigh agus Londain.

M'anamsa an deadaró dilín ó déaró
M'anamsa an deadaró dilín ó déaró
M'anamsa an deadaró dilín ó déaró
Bobaró deirimse agus déinid rince."

"Éist do bhéal," arsa an Chrumhóg. "Tá sé go léir trína chéile agat."

"Is dócha go bhfuil, a dhuine uasail," arsa Eibhlís, go scáfar, "is dócha go bhfuil cuid de na focail bun os cionn agam."

"Tá gach aon phioc riamh de bun os cionn agat, ó thosach go deireadh," arsa an Chrumhóg. Níor fhan focal aici.

"Abair '*Aighneas an pheacaigh leis an mbás*'," arsa an Chrumhóg.

"Níl sé agam," arsa Eibhlís.

"Ná '*Comhairle na bard scolóige dá mhac*'," arsa an Chrumhóg.

"Níl, ná sin," arsa Eibhlís, "ach déarfaidh mé '*An tigh a thóg Séainín*' duit."

"Och! mo léir thú!" arsa an Chrumhóg, "bheadh sin ag an leanbh a rugadh inné geall leis, ach, seo leat é, más ea."

Bhí an dá lámh taobh thiar dá droim i gcónaí agus thosaigh sí gan a thuilleadh moille:—

"Sin é an tigh a thóg Séainín.

Sin é an coirce garbh a's mín
A bhí sa tigh a thóg Séainín.

Sin é an francach
A d'ith an coirce garbh a's mín
A bhí sa tigh a thóg Séainín.

Sin é an cat, an seibineach breá,
A mharaigh an francach luath sa lá
A d'ith an coirce garbh a's mín
A bhí sa tigh a thóg Seáinín.

Sin é an madra thíos sa ngleann
A rug ar an gcat, an seibineach breá,
A mharaigh an francach luath sa lá
A d'ith an coirce garbh a's mín
A bhí sa tigh a thóg Seáinín.

Sin í an bhó leis an adharc cham
A leag an madra síos sa ngleann
A rug ar an gcat, an seibineach breá,
A mharaigh an francach luath sa lá
A d'ith an coirce garbh a's mín
A bhí sa tigh a thóg Seáinín.

Sin í an cailín deas díomhaoin
A chrúigh an bhó leis an adharc cham
A leag an madra síos sa ngleann
A rug ar an gcat, an seibineach breá,
A mharaigh an francach luath sa lá
A d'ith an coirce garbh a's mín
A bhí sa tigh a thóg Seáinín.

Sin é an fear gan mhaith gan mhaoin
A phóg an cailín deas díomhaoin
A chrúigh an bhó leis an adharc cham
A leag an madra síos sa ngleann
A rug ar an gcat, an seibineach breá,
A mharaigh an francach luath sa lá
A d'ith an coirce garbh a's mín
A bhí sa tigh a thóg Seáinín."

"Dar ndóigh, ní gá duit 'paidir chapaill' ar fad a dhéanamh den scéal," arsa an Chrumhóg.

"Ná cuir amú air mé," arsa Eibhlís.

> *"Sin é an sagart lán de Laidin*
> *A phós an fear gan mhaith gan mhaoin*
> *Leis an gcailín deas díomhaoin*
> *A chrúigh an bhó leis an adharc cham*
> *A leag an madra síos sa ngleann*
> *A rug ar an gcat, an seibineach breá,*
> *A mharaigh an francach luath sa lá*
> *A d'ith an coirce garbh a's mín*
> *A bhí sa tigh a thóg Seáinín.*
>
> *Sin é an coileach a ghlaoigh ar maidin*
> *A dhúisigh an sagart lán de Laidin*
> *A phós an fear gan mhaith gan mhaoin*
> *Leis an gcailín deas díomhaoin*
> *A chrúigh an bhó leis an adharc cham*
> *A leag an madra síos sa ngleann*
> *A rug ar an gcat, an seibineach breá,*
> *A mharaigh an francach luath sa lá*
> *A d'ith an coirce garbh a's mín*
> *A bhí sa tigh a thóg Seáinín."*

"Is ea, tá gaisce mór déanta anois agat," arsa an Chrumhóg, "gheobhaidh tú d'anáil a tharraingt anois agus b'fhéidir ansin go ndéarfá *'Táir in achrann is na blianta'*!"

"Is ea, déanfaidh mé mo dhícheall, ar ndóigh," arsa Eibhlís.

Chomh luath is a fuair sí breith ar a hanáil seo ar siúl arís í.

'"Táir in achrann is na blianta,' arsa Peaid lena Dhaid,
'A's an méid ded' cheann bocht ná fuil maol tá sé liath.
'Dé chúis duit, más ea, bheith ag síorsheasamh ar do phlait,
Nó an tonntaoscadh, nó an treighid é do chiach?'

'Nuair a bhíos ag foghlaim an cleas im' óige a's im'
    aimhleas,'
Arsa Daid an ghrinn ag freagairt a mhic,
'Ba bhaol liom dom' mheabhair a's mo chiall liom ba cheas,
Ach, ní rabhadar ann ach an oiread a's tá sa lic.'

'Ó, Dia linn, a's cabhair! Tá mo Dhaidse as a mheabhair,
Féach an tslí a thagann sé an doras isteach.
Conas fén domhan, a's gan tú id' fhia ná id' ghabhar,
Gheobhadh éinne id' aois-se bheith chomh lán de
    theaspach?'

'I dtús mo shaoil a's m'óige,' arsa Daid go róbhaoth,
'Bhí mé féineach chomh bríomhar le beach,
Agus ansin i rith mo shaoil nuair a gheibhinn an chaoi
Chuimlínn balsam agus íce agus gibsol isteach.'

'Táir in achrann isna blianta, a chroí 'gus a shearc!
A's níl do chorrán géill chomh héasca a's a bhíodh,
Agus ní fheadarsa sa tsaol conas a d'ithis an chearc
Idir cnámha agus seitheog, crúb, gob agus sciath.'

'Inseosa mise duitse sin, a lao ghil, a's a chuid!
Agus is maith liom go mór gur thugais dom an chaoi;
Ní raibh buachan ar do Mham i mbáirseoireacht ná i
    dtroid,
Agus tá a rian ar mo chorránsa go mbínn ag gearradh
    gada léi.'

'An le draíocht, le diabhlaíocht, nó le clisteacht do chleas
A gheibheann tú an eascú sin a choimeád ar do chaincín?
Géireacht do radhairc! Ó, ní féidir é a mheas,
Agus gur shíl mise ná raibh ionat ach glincín.'

'Scrios amach as mo radharc, a bhrasaire dhailtín!
Agus ná bí ag ceistiúchán do Dheadá mar sin.
Níl de chiall ná de mheabhair istigh id' chinnín
A's a bhí ag an té a dhein an té nár chuí dos na coin.'"

"Cén airde ba mhaith leat a bheith ionat?" arsa an Chrumhóg.

"Is cuma liom cad é an airde a bheidh ionam," arsa Eibhlís, "ach ní maith le duine a bheith ag athrú chomh minic sin."

"Ní fheadar mé sin," arsa an Chrumhóg. Ní dúirt Eibhlís aon rud ansin: níor bréagnaíodh chomh minic sin riamh roimhe sin í, agus bhí fearg ag teacht uirthi.

"An bhfuil tú sásta leat féin anois?" arsa an Chrumhóg.

"Ba mhaith liom a bheith rud beag níos airde, dá mba é do thoil é, a dhuine uasail," arsa Eibhlís, "is suarach an airde gan ach trí horlaí a bheith i nduine."

"Is maith an airde í, go deimhin," arsa an Chrumhóg go strolúsach, ag baint searradh as féin (trí horlaí ar airde díreach a bhí ann féin).

"Ach nílimse ina thaithí," arsa Eibhlís go cráite. Agus dúirt sí ina haigne féin gurbh fhearr léi nach mbeadh sé chomh furasta sin olc a chur ar na hainmhithe.

"Rachaidh tú ina thaithí in áit a chéile," arsa an Chrumhóg, agus chuir sé an píopa ina bhéal arís agus chrom sé á chaitheamh.

Dhún Eibhlís a béal an iarracht seo agus d'fhan sí gur mhaith leis an gCrumhóg labhairt arís. I gceann cúpla nóiméad bhain sé an píopa as a bhéal agus bhí sé ag méanfach agus á shearradh féin. Ansin tháinig sé anuas den mhuisiriún agus shnámh sé leis tríd an bhféar. Dúirt sé ag imeacht dó: "Cuirfidh taobh de in airde thú agus an taobh eile cuirfidh sé i laghad thú."

"Taobh de cad é? Agus an taobh eile de cad é?" arsa Eibhlís léi féin.

"Den mhuisiriún," arsa an Chrumhóg, díreach mar a déarfadh sé dá mbeadh sí tar éis an cheist a chur os ard air, agus ansin bhí sé teite as radharc.

D'fhéach Eibhlís ar an muisiriún mar a bheadh sí ag baint meabhrach as a bheith ag iarraidh a dhéanamh amach cad iad an dá thaobh a bhí air. Agus ós rud é go raibh an muisiriún ina chiorcal cruinn ba dheacair di an cheist seo a réiteach. Ach faoi dheireadh chuir sí a dhá lámh timpeall air chomh fada agus a d'fhéad sí iad a chur agus bhris sí píosa beag den mhuisiriún le gach lámh.

"Is ea! anois," ar sise léi féin, "go gcuire Dia ar mo leas mé, cé acu is fearr dom a ithe?" Chrom sí ag creimseáil an phíosa a bhí ina lámh dheas, agus ar an nóiméad dearg a bhí sé blaiste aici buaileadh iarracht dá smigín thíos i gcoinne a cos.

Deirim leat gur baineadh preab aisti, ach ní raibh aon am le cailleadh aici, mar bhí sí ag dul i laghad go tiubh. Thug sí faoin bpíosa eile gan mhoill, ach bhí a smigín buailte chomh daingean sin i gcoinne a cos gur ar éigean a bhí sí ábalta a béal a oscailt: ach d'éirigh léi é a dhéanamh ar chuma éigin, agus d'ith sí cáithnín beag den mhéid a bhí ina lámh chlé.

*   *   *   *   *

*   *   *   *

*   *   *   *   *

"Buíochas le Dia, tá mo cheann ó bhaol agam!" arsa Eibhlís léi féin, agus áthas an domhain uirthi, ach deirim leat gur athraigh an port aici ar an nóiméad dearg arís nuair a thug sí faoi deara nach raibh na guaillí in aon áit le feiceáil aici; dada ach scrogall mór fada de mhuineál, agus an féar glas fad a radhairc síos uaithi.

"Cad é sa tubaiste an rud glas sin thíos ar fad," arsa Eibhlís; agus cá bhfuil mo ghuaillí imithe; agus och! a lámha bochta liom! conas nach bhfeicim sibh in aon chor?" Bhí sí ag iarraidh iad a chorraí le linn agus í ag déanamh na cainte, ach ní fhaca sí aon rud ach croitheadh beag san fhéar glas thíos fúithi.

Nuair nach raibh aon fháil aici ar a dhá lámh a chur suas go dtí a ceann thug sí iarracht ar a ceann a chromadh síos orthu, agus bhí áthas uirthi nuair a fuair sí a muineál a lúbadh ar gach aon taobh mar a dhéanfadh eascann nó nathair nimhe. Díreach nuair a bhí sé lúbtha go deas isteach agus amach cúpla babhta aici agus í chun a ceann a shá i measc an duilliúir a bhí ar bharr na gcrann—na crainn a rinne scáth di scaitheamh beag roimhe sin—dúirt rud éigin: "Thairis amach," agus tharraing sí a ceann siar go tobann: Colúr mór coille a bhí tar éis bualadh isteach san aghaidh uirthi agus a bhí á greadadh lena sciatháin.

"A nathair nimhe!" arsa an Colúr.

"Ní nathair nimhe mise," arsa Eibhlís, go feargach, "agus éirigh asam."

"A nathair nimhe!" arsa an Colúr arís, ach ní chomh dána ná chomh feargach é, "táim tar éis triail a bhaint as gach aon slí, agus ní dhéanfaidh aon rud an gnó dóibh!"

"Ní fheadar mé sa domhan cad dó a bhfuil tú ag tagairt," arsa Eibhlís.

"Bhain mé triail as fréamhacha na gcrann agus as poirt na habhann, as díoga agus as claíocha," arsa an Colúr, agus gan aon suim aici á cur in Eibhlís; "ach na nathracha nimhe seo! ní shásóidh aon rud iad."

Bhí an scéal ag dul níos mó in aimhréidh ar Eibhlís, agus dúirt sí léi féin gurbh fhearr di gan aon rud a rá go mbeadh deireadh ráite ag an gColúr.

"Ar eagla nach raibh trioblóid mo dhóthain agam ar gor ar na huibheacha," arsa an Colúr, "ach caithfidh mé bheith ar m'aire féin de ló is d'oíche ó na nathracha nimhe seo! Ní bhfuair mé néal codlata le trí seachtaine!"

"Is olc liom," arsa Eibhlís, "tú a bheith á chiapadh mar seo."

"Tar éis dom an crann is airde sa choill a thoghadh dom féin," arsa an Colúr, ag cur scréach aisti, "agus díreach nuair a shíl mé a bheith scartha leo go bráth seo iad ag teacht anuas sa mhullach orm ón spéir! A-a-a-, a nathair nimhe!"

"Ach ní nathair nimhe mise, deirim leat," arsa Eibhlís. "Ca-ca-ca-."

"Agus cad é an rud é tú, más ea?" arsa an Colúr, "tá tú ag iarraidh bréag a cheapadh dom nó dalladh mullóg éigin a chur orm!"

"Ca–ca–cailín is ea mise," arsa Eibhlís, agus í in amhras arbh ea nó nárbh ea, nuair a chuimhnigh sí ar an méid athruithe a bhí curtha di aici an lá sin.

"Tá dealramh ar do scéal go deimhin!" arsa an Colúr le hardsearbhas. "Is iomaí cailín a chonaic mé i mo shiúlta, ach a leithéid sin de scrogall ar chailín ní fhaca mé fós! Ar mh'alainn nach cailín tú; nathair nimhe is ea tú, agus níl aon mhaith duit a bheith ag dul ar a shéanadh. Is é an chéad rud eile a bheidh tú ag iarraidh a chur ina luí orm ach nach n-íosfá ubh."

"D'íosfainn ubh go deimhin," arsa Eibhlís; ní inseodh sí bréag ar chapall; "d'íosfadh cailíní uibheacha chomh maith agus a d'íosfadh aon nathair nimhe."

"Ní chreidim thú," arsa an Colúr, "ach is é an méid atá le rá agamsa leo ach dá n-íosfaidís uibheacha, saghas nathracha nimhe is ea iad gan aon dabht."

Bhain an méid seo an bhrí ar fad as Eibhlís, agus ní raibh cniog aisti ar feadh cúpla nóiméad. "Tá tú ag lorg uibheacha," arsa an Colúr, "tá a fhios an méid sin go maith agam; agus cár chuma domsa cé acu cailín nó nathair nimhe tú."

"Ó, ní cuma liomsa é, mhuise," arsa Eibhlís go tobann, "agus ní ag lorg uibheacha atá mé, agus dá mba ea féin, ní ag lorg do chodasa a bheinn, ní maith liom fuar iad."

"Cuir díot amach as seo go mear!" arsa an Colúr go feargach, agus chrom sí á socrú féin síos sa nead. Bhí Eibhlís ag iarraidh í féin a réiteach amach as na crainn chomh maith agus a d'fhéad sí; uaireanta théadh a muineál in achrann sna géaga agus chaithfeadh sí stad agus í féin a fhuascailt astu. I gceann tamaill chuimhnigh sí go raibh píosaí an mhuisiriúin ina lámha fós aici, agus thosaigh sí go han-chúramach ag creimseáil píosa agus ansin an píosa eile gach re tamall. Uaireanta théadh sí in airde agus ansin arís i laghad gur éirigh léi a hairde cheart a thomhas arís.

Bhí sé chomh fada sin ó bhí sí ina hairde féin gurbh ait léi í féin an chéad uair, ach chuaigh sí ina thaithí faoi cheann tamaill ghairid agus thosaigh sí ag caint léi féin mar ba ghnáth léi. "Is ea! Sin leath mo chúrsaí réitithe agam! Tá an gnó go léir ina sheachrán srianach. Nach deacair é a thuiscint! Ní fheadar mé ó nóiméad go nóiméad cad é an chéad athrú eile a thiocfaidh orm! Is ea! Ach tá m'airde cheart féin agam arís; an chéad rud eile anois ach dul isteach sa ghairdín álainn úd—is ea ach conas a dhéanfar sin, ní fheadar." Díreach lena linn sin tháinig sí amach in áit oscailte i mbéal na coille, áit a raibh teach beag timpeall ceithre troithe ar airde. "Pé daoine a bhfuil cónaí anseo orthu, is dóigh liom nach ndéanfaidh sé an gnó do mo leithéid de chleithire mná glaoch chucu; chuirfeadh sé ar gealaigh iad bean chomh hard liomsa a fheiceáil." Thosaigh sí ag creimseáil an phíosa a bhí ina lámh dheas arís, agus ní dheachaigh sí ar ghaire an tí go dtí nach raibh ach naoi n-orlaí d'airde inti.

An Cat Clárach

D'fhan sí scaitheamh beag ag féachaint ar an teach, agus ní fheadair sí cad ba cheart di a dhéanamh, nuair a rith giolla beag amach as an gcoill (bhí a fhios aici gur giolla é mar bhí a chulaith sin air, ach le féachaint suas san aghaidh air níor dhóigh leat nárbh iasc é), agus chrom sé ag bualadh ag an doras lena dhoirne. D'oscail giolla eile an doras dó—fear a raibh aghaidh mar an ghealach air agus súile froig aige; agus thug Eibhlís faoi deara go raibh mórán den phúdar ar ghruaig chas gach giolla díobh. B'ait léi cad chuige an gnó go léir, agus chuaigh sí ar a cromada agus chuir sí cluas uirthi féin ag éisteacht.

Tharraing an Giolla Éisc amach litir mhór a bhí faoina ascaill aige—litir a bhí geall leis chomh mór leis féin—agus shín sé chun an ghiolla eile í, agus dúirt san am céanna: "Don Bhandiúc. Cuireadh ón mBanríon chun dul ag imirt cróice léi." D'fhreagair an Giolla Froig é as an gcaint chéanna ach gan na focail a bheith ar an bhfuitinn chéanna ar fad aige: "Ón mBanríon. Cuireadh don Bhandiúc chun dul ag imirt cróice léi."

Ansin d'umhlaigh siad araon dá chéile agus san umhlú dóibh chuaigh a gcuid gruaige in achrann ina chéile.

Tháinig a leithéid sin de racht gáire ar Eibhlís nuair a chonaic sí cad a bhain dóibh gur chaith sí rith siar thar n-ais sa choill ar eagla go n-aireofaí í. Nuair a d'fhéach sí amach ina dhiaidh sin bhí an Giolla Éisc imithe agus bhí an fear eile ina shuí ar an talamh le hais an dorais agus é ag féachaint mar a bheadh amadán in airde sa spéir.

Chuaigh Eibhlís suas agus roinnt scátha uirthi agus bhuail sí ag an doras.

"An deamhas pioc maitheasa duitse a bheith ag bualadh ag an doras sin," arsa an Giolla, "agus tá dhá chúis leis. Sa chéad dul síos táimse ar an taobh céanna den doras leatsa, agus sa dara háit tá an oiread sin gleo agus cibeal istigh acu nach bhfaighidís tú a aireachtáil." Agus go deimhin agus go dearfa bhí carabuaic agus cibeal istigh—scréachach agus sraothartach gan stad gan staonadh, agus anois agus arís fothram mar a dhéanfaí bloghanna de mhias nó de chiteal.

"Agus, más é do thoil é, a dhuine uasail," arsa Eibhlís, "conas is féidir liomsa dul isteach?"

"Bheadh ciall éigin a bheith ag bualadh ag an doras sin," arsa an Giolla agus gan suim aige á cur i gceist Eibhlíse, "dá mba rud é go mbeadh an doras eadrainn. Cuirim i gcás tusa a bheith istigh agus mise a bheith amuigh, b'fhéidir leatsa bualadh ag an doras agus gheobhainnse tú a ligean amach." Bhí sé ag féachaint in airde sa spéir i gcónaí a fhad is a bhí sé ag caint le hEibhlís, agus dúirt sí léi féin go raibh sé an-drochmhúinte. "Ach b'fhéidir, dar ndóigh, nach bhfuil leigheas aige air," ar sise, "tá a shúile chomh gairid sin do mhullach a chinn. Ach dar ndóigh, nach bhfaigheadh sé freagra a thabhairt orm.—Conas is féidir liom dul isteach?" ar sise arís, ag labhairt go hard.

"Fanfaidh mise i mo shuí anseo go dtí amárach—" arsa an Giolla.

Díreach lena linn sin osclaíodh an doras agus teilgeadh pláta mór amach d'fhuinneamh i leith cheann an ghiolla; d'imigh sé díreach de bharr a chaincín amach agus rinneadh píosaí de i gcoinne crainn a bhí taobh thiar de.

"—nó go dtí amanathar b'fhéidir," arsa an Giolla, gan aon suim á cur aige san urchar a caitheadh leis.

"Conas is féidir liom dul isteach?" arsa Eibhlís arís chomh hard agus ab fhéidir léi.

"Is ea," arsa an Giolla, "ach an ligfear isteach in aon chor thú? Sin í an phríomhcheist, mura bhfuil a fhios agat é."

Ba í, dar ndóigh, ach níor thaitin le hEibhlís é sin á rá léi. "Nach é an scanradh," arsa Eibhlís faoina fiacla, "nach é an scanradh mar a thagann na hainmhithe seo trasna ar dhuine. Bhainfeadh sé do mheabhair díot, bhainfeadh sin, bheith ag plé leo."

Thosaigh an Giolla ag caint leis féin arís: "Fanfaidh mé anseo i mo shuí, chugam agus uaim ar feadh na laethanta."

"Ach cad a dhéanfaidh mise, más ea," arsa Eibhlís.

"Déan do rogha rud," arsa an Giolla, ag cromadh ar phort feadaíola dó féin.

"Ó, níl aon mhaith bheith ag caint leis sin," arsa Eibhlís, agus í i ndeireadh na foighne, "tá an fear sin as a mheabhair glan." D'oscail sí an doras í féin agus isteach léi.

Isteach i gcistin mhór a bhí múchta le deatach a chuaigh sí. Bhí an Bandiúc ina suí ar stóilín trí chos i lár an urláir i bhfeighil linbh; bhí an cócaire cromtha síos ar an tine agus bata aici ag suaitheadh rud éigin a bhí á bheiriú aici i gcoire mór.

"Pé rud atá á bheiriú aici tá an mí-ádh de phiobar ann," arsa Eibhlís léi féin, nuair a d'éirigh léi a hanáil a fháil i ndiaidh na sraothartaí.

Bhí an mí-ádh de phiobar ar fud na cistine pé scéal é. Bhí an Bandiúc féin ag sraothartach anois agus arís. Ach bhí an tubaiste ceart anuas ar an leanbh, tamall ag sraothartach agus tamall ag scréachach gan sos gan suaimhneas. Bhí gach éinne ag sraothartach ach amháin an cócaire agus cat mór a bhí ina shuí ar lár an tinteáin agus béal air ó chluas go cluas.

"An inseofá dom, más é do thoil é," arsa Eibhlís go scáfar, mar ní fheadair sí ach gur drochmhúinte an rud di tosach a chur leis an gcaint, "an inseofá dom cad é a chúis an drannadh sin a bheith ar an gcat?"

"Cat Clárach é sin," arsa an Bandiúc, "agus sin é a chúis. A mhuc!"

Bhain sí preab as Eibhlís a bhinbí a dúirt sí an focal sin, ach thug sí faoi deara i gceann tamaill gur chun an linbh a bhí sí agus nach chuici féin, agus ghlac sí misneach agus labhair sí arís:

"Agus ní raibh a fhios agam go mbíodh drannadh ar Chat Clárach i gcónaí, ní hea, ach ní raibh a fhios agam go bhfaigheadh cat drannadh a chur air féin in aon chor."

"Is féidir leo go léir drannadh a chur orthu féin," arsa an Bandiúc, "agus is beag díobh nach ndéanann."

"Ní fhaca mé riamh ceann acu á dhéanamh," arsa Eibhlís go dea-bhéasach agus áthas uirthi go raibh sí tar éis an Bandiúc a bhogadh chun cainte.

"Ní fhaca tú mórán i do shaol," arsa an Bandiúc, "agus sin í an fhírinne."

Níor thaitin le hEibhlís an tslí ar thug an Bandiúc an freagra seo uirthi, agus dúirt sí léi féin go mb'fhéidir gurbh fhearr di cúrsaí éigin eile cainte a tharraingt chuici féin. Le linn agus í a bheith ag déanamh a marana thóg an cócaire an coire den tine (anraith a bhí ann), agus seo í ag caitheamh gach aon rud ar fhéad sí breith air leis an mBandiúc agus leis an leanbh. Chaith sí iarainn na tine an chéad uair leo; ansin tháinig cith pannaí agus plátaí agus mias anuas sa mhullach orthu. Níor chuir an Bandiúc i bhfáth iad agus iad ag bualadh uirthi ó gach aon taobh, agus bhí an oiread sin scréachaí agus screadaí ag an leanbh cheana féin nach mbeadh a fhios agat an rabhthas á ghortú nó nach raibh.

"Féach romhat féin, más é do thoil é," arsa Eibhlís, agus í ag léimneach ar fud an tí agus a croí ina béal aici le neart faobhar sceanraí. "Ó, coimirce Dé dúinn! tá an caincín scuabtha de," ar sise nuair a d'imigh panna mór amach thar chaincín an linbh agus gur dhóbair dó an tsrón a bhaint di.

"Dá mb'áil le gach duine aire a thabhairt dá ghnó féin," arsa an Bandiúc agus tocht uirthi, "is mire a chasfadh an domhan."

"Agus níorbh fhearrde an domhan é sin," arsa Eibhlís, le háthas, ó fuair sí an chaoi ar a cuid léinn a nochtadh. "Féach, cad é an cur amú a dhéanfadh sin ar an lá agus ar an oíche. Nach bhfuil a fhios agat go mbaineann sé ceithre huaire fichead an chloig den domhan casadh—"

"Cas an ceann di!" arsa an Bandiúc.

Agus d'fhéach Eibhlís timpeall uirthi go himníoch féachaint an raibh an cócaire ag cuimhneamh ar an gceann a bhaint di, ach bhí an cócaire bocht ag corraí an anraith léi agus gan aon suim aici i gcaint na coda eile; mar sin lean Eibhlís uirthi sa chaint: "Ceithre huaire fichead an chloig is dóigh liom; nó an dhá uair an chloig déag é?"

"Dhera, ná bí do mo bhodhrú," arsa an Bandiúc, "ní lú orm bóithreán bó ná áireamh!" Agus chrom sí ag bréagadh an linbh arís; bhí saghas seoithín aici dó, agus bhaineadh sí suaitheadh uafásach as i ndeireadh gach aon líne:—

> *"Caithfimid suas agus suas é,*
> *Caithfimid suas an páiste,*
> *Caithfimid suas agus suas é,*
> *Agus tiocfaidh sé anuas amárach.*
>
> *Ó, níor dhein sé rince,*
> *Ó, níor dhein ná gáire*
> *Ó, níor dhein sé rince,*
> *Ach déanfaidh sé rince amárach."*

"Seo! Bí á bhréagadh tamall, más maith leat," arsa an Bandiúc le hEibhlís, ag caitheamh an linbh chuici, "caithfidh mise dul ag imirt cróice, leis an mBanríon," agus as go brách léi amach an doras. Chaith an cócaire friochtán léi ag dul amach di, ach níor buaileadh í.

Rug Eibhlís ar an leanbh, ach ba dheacair di é, mar b'ait an sórt déanaimh a bhí ar an gcréatúirín; ba dhóigh leat nach raibh dada ann ach cosa agus lámha agus iad sínte amach ar gach aon taobh uaidh. Ba gheall le portán é. Nuair a rug Eibhlís air bhí sé ag puthaíl agus ag sraothartach mar a bheadh fear gan snámh tar éis éirí aníos ó bheith faoi uisce; bhí sé á chrapadh agus á shearradh féin; ag casadh agus ag únfairt sa tslí gur ar éigean a bhí Eibhlís ábalta ar é a choimeád idir a dhá lámh i dtosach.

Chomh luath agus a chuaigh i dtuiscint di conas é a bhréagadh (.i. snaidhm a dhéanamh de agus ansin greim daingean a choimeád ar a chluas dheas agus ar a chos chlé ar eagla go scaoilfeadh sé é féin), thug sí amach faoin aer é. "Mura mbéarfaidh mise liom an leanbh seo chun siúil uathu," arsa Eibhlís, "maróidh siad é: nár pheaca dom é a fhágáil i mo dhiaidh?" Agus chuir an créatúirín bocht cnead as mar fhreagra (bhí deireadh leis an tsraothartach faoin am seo). Ná bí ag cneadach mar sin," arsa Eibhlís, "ní deas an tslí chun cainte é."

Chuir sé cnead agus cnead eile as, agus d'fhéach Eibhlís isteach idir an dá shúil air féachaint cad a bhí air. Ní raibh aon dearmad in aon chor ach go raibh caincín an-gheancach air. Ba mhó de gheanc ná de chaincín é, agus bhí a dhá shúilín róbheag ar fad do leanbh. Níor thaitin le hEibhlís in aon chor an dealramh a bhí air. "Ach, dar ndóigh," ar sise léi féin, "b'fhéidir gur ag osnaíl a bhí sé," agus d'fhéach sí isteach ina dhá shúil arís féachaint an raibh aon deora ag teacht.

Drae deoir. "Má tá tusa chun iompú amach i do mhuc," arsa Eibhlís leis, "ní bheidh a thuilleadh le déanamh agamsa leat. Cuimhnigh air sin anois." Chuir an créatúirín beag cnead eile as (nó srónaíl, ba dheacair a rá cé acu) agus d'imigh siad leo ar feadh tamaill gan focal as éinne acu.

Is é rud a bhí ag déanamh brionglóide d'Eibhlís ach cad a dhéanfadh sí leis nuair a rachadh sí abhaile. Lena linn sin chuir sé cnead uafásach eile as, agus d'fhéach Eibhlís go géar isteach idir an dá shúil arís air agus sórt eagla uirthi. Ní raibh aon dearmad in aon chor an babhta seo uirthi: muc ba ea é gan aon agó—bainbhín muice—agus nárbh iontach an searbhas di a bheith á iompar a thuilleadh.

Leag sí síos ar an talamh uaithi é, agus nach raibh áthas uirthi é a fheiceáil ag rith leis isteach i gcoill. "Is ait an páiste garsúin a dhéanfaidh sé nuair a éireoidh sé suas; ach, féach! nach deas an mhuc é?" Agus chrom sí ag marana ar leanaí eile a raibh aithne aici orthu agus arbh fhéidir gurbh fhearrde a ndealramh iad a bheith ina muca—dá dtuigfimis conas an t-athrú sin a dhéanamh. Bhí sí ag caint mar seo léi féin nuair cad a d'fheicfeadh sí ach an Cat Clárach ina shuí ar ghéag crainn cúpla slat uaithi.

Ní dhearna an Cat ach drannadh a chur air féin nuair a chonaic sé Eibhlís. Mar sin féin, mheas sí gur lách an dealramh a bhí air; ach ós rud é go raibh crúcaí móra fada air agus an-chuid fiacla aige, dar le hEibhlís gur cheart urraim a thaispeáint dó.

"A Chaitín Chláraigh," ar sise go scáfar, mar nach raibh a fhios aici an dtaitneodh an t-ainm sin leis nó nach dtaitneodh: ach ní dhearna sé ach an drannadh a mhéadú rud beag. "Is ea!" ar sise léi féin, "taitníonn sé leis," agus dúirt sí: "An inseofá dom, más é do thoil é, cad é an bóthar a thabharfadh as seo mé?"

"Dá mbeadh a fhios agam cá bhfuil tú chun dul," arsa an Cat, "bheinn ábalta ar a insint duit, b'fhéidir."

"Is cuma liom cá rachaidh mé—" arsa Eibhlís.

"Más ea, is cuma duit cad é an bóthar a thabharfaidh tú ort as seo," arsa an Cat.

"—is ea, chomh fada is a gheobhaidh mé dul in aon áit," arsa Eibhlís, ag baint an fhocail as a bhéal.

"Gheobhaidh tú sin a dhéanamh," arsa an Cat, "má théann tú fada go leor."

Bhí a fhios ag Eibhlís nach bhfaighfí an chaint seo a bhréagnú, agus chuir sí ceist eile air.

"Cad é an sórt daoine atá ina gcónaí timpeall na háite seo?"

"Cónaíonn an Haitéir *ansin*," arsa an Cat, ag ardú lapa leis, "agus Giorria Márta siar *ansin*," ag ardú an lapa eile leis. "Téigh ag féachaint éinne acu is maith leat: tá siad araon as a meabhair."

"Ach ní maith liom a bheith i measc daoine a bhíonn as a meabhair," arsa Eibhlís.

"Ó, níl leigheas agat air sin," arsa an Cat, "tá gach éinne as a mheabhair anseo. Táimse as mo mheabhair. Tá tusa as do mheabhair."

"Conas tá a fhios agat go bhfuilimse as mo mheabhair?" arsa Eibhlís.

"Tá tú gan dabht," arsa an Cat, "agus murach go bhfuil tú ní anseo a bheifeá."

"Níor shíl Eibhlís gurbh aon chruthú ar í a bheith as a meabhair é sin. "Agus conas tá a fhios agat go bhfuil tú féin as do mheabhair?"

"Is ea, mar seo," arsa an Cat; "ní bhíonn madra as a mheabhair. Nach fíor sin?"

"Is dócha nach mbíonn," arsa Eibhlís.

"Tá go maith," arsa an Cat, "nach nochtann an madra a fhiacla nuair a bhíonn fearg air agus nach gcuireann sé cor ina eireaball nuair a bhíonn sé sásta. Agus nochtaimse m'fhiacla nuair a bhím sásta agus cuirim cor i m'eireaball nuair a bhíonn fearg orm. Agus dar ndóigh, ní beag duit de chomhartha an méid sin mise a bheith as mo mheabhair."

"Nach ag crónán a bhíonn tú agus tú ag nochtadh d'fhiacla?" arsa Eibhlís.

"Nach cuma sa tubaiste cad a bhím a dhéanamh," arsa an Cat. "'Bhfuil tusa chun a bheith ag imirt cróice i bhfochair na Banríona inniu?"

"Ba mhaith liom go mór dá mbeinn," arsa Eibhlís, "ach ní bhfuair mé aon chuireadh fós."

"Chífidh tú mise ann," arsa an Cat, agus scinn sé as radharc.

Níor chuir an méid sin aon iontas ar Eibhlís; bhí an oiread sin rudaí iontacha ag titim amach uirthi go raibh sí ina dtaithí. Le linn agus í ag féachaint ar an áit a raibh an Cat chonaic sí arís ann é.

"Mo dhearmad," ar seisean, "cad a bhain don leanbh? Dóbair nach gcuimhneoinn ar é a fhiafraí díot."

"Rinne muc de," arsa Eibhlís, go ciúin, cneasta agus gan cuimhneamh riamh ar conas a tháinig an Cat thar n-ais.

"Bhí a fhios agam gurbh'shin é a bhainfeadh dó," arsa an Cat, agus scinn sé arís as a radharc.

D'fhan Eibhlís mar a bhí sí tamall beag ag tnúthán go bhfeicfeadh sí arís é, ach ní fhaca. I gceann cúpla nóiméad d'imigh sí léi agus rinne sí ar an áit a raibh cónaí ar an nGiorria Márta. "Is minic a chonaic mé haitéir," ar sise léi féin; "cuirfidh mé níos mó suime sa Ghiorria Márta feasta; agus b'fhéidir ós rud é gurb é mí na Bealtaine atá anois againn nach mbeadh an confadh ar fad air—nó pé scéal é nach mbeadh sé chomh dona agus a bhí sé i mí an Mhárta." Lena linn sin d'fhéach sí suas, agus cad a bheadh ann ná an Cat ina shuí ar ghéag crainn.

"An 'muc' nó 'luch' a dúirt tú an uair úd?" arsa an Cat.

"'Muc' a dúirt mé," arsa Eibhlís, "agus féach," ar sise, "b'fhearr liom nach mbeifeá do do thaispeáint féin agus do do cheilt féin chomh tobann sin: chuirfeá meabhrán i gceann duine, chuirfeá sin."

"Tá go maith," arsa an Cat; d'imigh sé an babhta sin go mín, réidh, as a radharc; barr an eireabaill a d'imigh an chéad uair, agus bhí an chuid eile de ag imeacht ó bhall go ball go dtí nach raibh aon rud le feiceáil ach an drannadh, agus d'fhan sin tamall i ndiaidh na coda eile de.

"Och!" arsa Eibhlís, "is minic a chonaic mé cat gan drannadh, ach drannadh gan cat ní fhaca mé go dtí an nóiméad seo. Is é an rud is aite a chonaic mé riamh i mo shaol é."

Is gairid eile a chuaigh sí sular tháinig sí i radharc Theach an Ghiorria Márta. Bhí sí ag cuimhneamh gurbh é a bhí ann, mar déanamh cluas a bhí ar na simléir agus clúmh a bhí mar dhíon air. Bhí an teach chomh mór sin nár mhaith léi dul gairid dó nó go gcreimseálfadh sí rud beag den mhuisiriún a bhí ina lámh chlé aici, agus gur mhéadaigh sí í féin go dhá throigh ar airde; agus ansin féin bhí sí roinnt scáfar ag siúl suas chuige. "Cad a dhéanfainn," ar sise léi féin, "dá mbeadh an confadh air tar éis gach aon rud? B'fhearr liom gur ar an Haitéir a thabharfainn m'aghaidh!"

CAIBIDIL VII

Cuideachta Tae agus Iad ar Buile

Bhí bord leagtha amach faoi chrann a bhí os comhair an tí acu agus an Giorria Márta agus an Haitéir ag ól tae ann, agus Luch Chodlamáin ina suí eatarthu istigh ina marbhchodladh. Bhí sí mar chúisín acu, ag ligean a n-uillinneacha uirthi, agus iad ag caint in airde os a cionn. "Nach míchompordach an scéal ag an Luch Chodlamáin é," arsa Eibhlís léi féin, "ach ón uair go bhfuil sí ina codladh is dócha gur cuma léi é."

Bord mór a bhí acu, ach bhí an triúr acu bailithe in aon phraisimín amháin ag cúinne de. "Níl slí! Níl slí!" ar siadsan go léir in éineacht nuair a chonaic siad Eibhlís ag teacht. "Tá mo dhalladh slí anseo agam," arsa Eibhlís ag suí síos di féin ar chathaoir mhór a bhí ag ceann an bhoird.

"Bíodh braon fíona agat," arsa an Giorria Márta, agus labhair sé mar a bheadh sé ag iarraidh misneach a chur uirthi.

D'fhéach Eibhlís timpeall an bhoird i ngach aon áit, ach ní raibh dada le feiceáil aici ach tae. "Ní fheicim aon fhíon anseo," ar sise.

"Níl, mhuise, aon phioc!" arsa an Giorria Márta.

"Nárbh otair an rud uait é a fholáireamh dom?" arsa Eibhlís.

"Nárbh otair an rud uaitse suí síos ag bord éinne gan cuireadh gan iarraidh?" arsa an Giorria Márta.

"Níor shíl mé gur leatsa an bord," arsa Eibhlís; "tá sé leagtha amach do níos mó ná triúr."

"Níor mhór duit do ghruaig a bhearradh," arsa an Haitéir. Bhí sé ag féachaint ar Eibhlís ar feadh tamaill, agus b'ait leis í.

"Nach otair an gnó uait tagairt do dhuine mar sin?" arsa Eibhlís, "níl aon tabhairt suas ort," arsa sise.

D'oscail an Haitéir a dhá shúil go mór nuair a d'airigh sé an chaint seo, agus ní dúirt sé ach:

> *"Dá mbeadh gabhar odhar agat*
> *Agus ábhar gabhair*
> *Agus gabhar ramhar a chur ina mbun*
> *Agus do thogha gabhar, ramhar, odhar agat,*
> *Cé mhéad gabhar a bheadh agat ansin?"*

"Beidh spórt anois againn," arsa Eibhlís léi féin, "is maith liom tomhais; is dóigh liom go bhfaighinn é sin a thomhas," ar sise léi féin.

"An amhlaidh atá tú ar aigne a rá go bhfaighfeá an freagra atá air a dhéanamh amach?" arsa an Giorria Márta.

"Is ea, díreach," arsa Eibhlís.

"Más ea, ba cheart duit an rud a bhíonn ar d'aigne a rá," arsa an Giorria.

"Dar ndóigh, déanaim," arsa Eibhlís go tobann, "nó an rud a deirim is é a bhíonn ar m'aigne," ar sise, "agus nach mar a chéile é?"

"Is fada ón stuaim an stocaire, dar m'fhallaing," arsa an Haitéir. "Bheadh sé chomh maith agat a bheith ag iarraidh a chur ina luí ormsa gur mar a chéile 'feicim a n-ithim' agus 'ithim a bhfeicim'!"

"Bheadh sé chomh maith agat a bheith ag iarraidh a chur ina luí ormsa," arsa an Giorria Márta, "gur mar a chéile, 'ólaim a dtuillim' agus 'tuillim a n-ólaim'!"

"Bheadh sé chomh maith agat a rá," arsa an Luch Chodlamáin, agus í mar a bheadh sí ag caint trína codladh, "gur mar a chéile 'tarraingím m'anáil nuair a chodlaím' agus 'codlaím nuair a tharraingím m'anáil'!"

"Is mar a chéile duitse é, pé scéal é," arsa an Haitéir. Stad an chaint ansin ar feadh tamaill agus shuigh an chuideachta go léir go ciúin ar feadh nóiméid nó mar sin, agus bhí Eibhlís ag iarraidh cuimhneamh ar gach aon rud a d'airigh sí riamh i dtaobh gabhar, ábhar gabhair, agus gabhair odhra, ach ba bheag é.

An Haitéir an chéad duine a labhair. "Cad é an lá den mhí atá againn?" ar seisean le hEibhlís. Bhí uaireadóir ina lámh aige agus é ag féachaint air anois is arís, agus ag baint croitheadh as, agus á chur chun a chluaise.

Bhí Eibhlís ag machnamh tamall agus ansin dúirt sí, "An ceathrú lá."

"Dhá lá bun os cionn," ar seisean. "Nach ndúirt mé leat nach ndéanfadh im an gnó do na hoibreacha istigh ann," ar seisean go feargach agus é ag féachaint ar an nGiorria Márta.

"Ba é an t-im *ab fhearr* é," arsa an Giorria Márta agus a cheann faoi.

"Is ea, ach is baol liom go raibh mionphiosaí aráin measctha tríd," arsa an Haitéir. "Cad é an chúis duit é a chur isteach leis an scian aráin."

Thóg an Giorria Márta an t-uaireadóir ina lámh chuige agus d'fhéach sé air go brónach; ansin thum sé síos é sa chupán tae a bhí sé a ól; ach ní bhfaigheadh sé cuimhneamh ar aon rud a rá ach an chéad rud a dúirt sé: "Ba é an t-im *ab fhearr* é, dar ndóigh."

Bhí Eibhlís ag féachaint thar a gualainn agus ag iarraidh an t-uaireadóir a thabhairt faoi deara. "Nach greannmhar an sórt uaireadóra é," ar sise, "bíonn a fhios agat le féachaint air cad é an lá den mhí é, ach ní bhíonn a fhios agat cad é an t-am den lá é!"

"Cad é a chúis a mbeadh a fhios?" arsa an Haitéir. "An mbeadh a fhios agat ar d'uaireadóirse cad é an bhliain a bheadh agat?"

"Ó, ní bheadh a fhios, dar ndóigh," arsa Eibhlís, "fanann an bhliain chomh fada sin againn nach gá é."

"Sin é díreach dála m'uaireadórsa," arsa an Haitéir.

Ní bhfaigheadh Eibhlís an scéal a thuiscint in aon chor. Níor dhóigh léi go bhfaigheadh aon bhrí a bheith le caint an fhir seo. "Ní thuigim tú in aon chor," arsa Eibhlís leis chomh dea-bhéasach agus ab fhéidir léi.

"Tá an Luch Chodlamáin ina codladh," arsa an Haitéir, agus dhoirt sé braon den tae anuas sa chaincín air.

"Dar ndóigh, dar ndóigh; sin é díreach a mheas mé féin a rá," arsa an Luch Chodlamáin ag baint croitheadh as a ceann agus gan oiread agus a súile a oscailt.

"'Bhfuil an tomhas úd fós agat?" arsa an Haitéir.

"Níl, mhuise," arsa Eibhlís, "caithfidh mé éirí as; cad é an freagra atá air?"

"Ní fheadar mé é sin," arsa an Haitéir.

"Ná mise," arsa an Giorria.

"Och! mo chreach sibh!" arsa Eibhlís. "Is an-ait an dream sibh."

"Nílimse ait," arsa an Haitéir. "Thiteamar amach le chéile mí an Mhárta seo caite againn—díreach sular imigh sé seo as a mheabhair, tá a fhios agat"—(ag bagairt a mhéire ar an nGiorria)—"ag an gceolchoirm a bhí ag an mBanríon Hart, agus chaith mé amhrán a rá: '*Bó, bó, bó na leathadhairce*'. Tá a fhios agat an t-amhrán sin, is dócha!"

"D'airigh mé rud éigin mar é," arsa Eibhlís.

"Seo mar a ghabhann sé," arsa an Haitéir.

> "*Bó, bó, bó na leathadhairce,*
> *Bó dhroimeann, dhearg a's ní fheadar cá bhfaighinn í.*"

Bhain an Luch Chodlamáin searradh aisti féin ansin agus thosaigh sí ag amhrán trína chodladh: "*Bó, bó, bó, bó, bó—*" agus lean sí uirthi chomh fada sin gur chaith siad miotóg a bhaint aisti chun í a stad.

"Ach," arsa an Haitéir, "is ar éigean a bhí deireadh leis an gcéad cheathrú nuair a léim an Bhanríon ina seasamh agus scréach sí amach, 'Tá sé ag marú ama! Scuab an ceann de!'"

"Ó, nárbh í an t-ultach alltach í," arsa Eibhlís.

"Agus riamh ó shin," arsa an Haitéir go dobrónach," ní dhéanfadh sé aon rud dom! Bíonn sé a sé a chlog i gcónaí anois againn."

"An é sin an chúis a bhfuil an oiread sin córacha tae leagtha amach agaibh anseo," arsa Eibhlís.

"Sin é é, díreach," arsa an Haitéir, ag ligean osna as, "am tae a bhíonn againn i gcónaí anseo anois, agus ní bhíonn uain againn ar na soithí a ní idir gach aon dá linn."

"Ach conas a bhíonn an scéal agaibh nuair a thosaíonn sibh arís?" arsa Eibhlís.

"Dhera, caithimis uainn é mar scéal, in ainm Chroim," arsa an Giorria, "táimid dortha uaidh. B'fhéidir go n-inseodh an bhean uasal seo scéal dúinn."

"Ní fheadar mé an bhfuil scéal agam," arsa Eibhlís, agus baineadh preab aisti.

"Inseoidh an Luch Chodlamáin scéal, más ea!" ar siadsan araon. "Dúisigh, a luichín!" Agus bhain siad araon miotóg aisti ón dá thaobh.

D'oscail an Luch Chodlamáin a dhá shúil. "Ní raibh mé i mo chodladh," ar sise, agus tochtán inti. "D'airigh mé gach aon fhocal a bhí sibh a rá."

"Inis scéal dúinn," arsa an Giorria Márta.

"Déan, más é do thoil é," arsa Eibhlís.

"Agus ná bí i bhfad ar a thí," arsa an Haitéir, "nó má bhíonn beidh tú i do chodladh arís sula mbeidh sé críoch-naithe agat."

"Bhí triúr déirfiúiríní ann uair," arsa an Luch Chodlamáin, agus í ag cur na cainte dá croí chomh mear leis an ngaoth Mhárta, "agus is é an t-ainm a bhí orthu ná Bríd, Íde, agus Damhnait, agus mhair siad i dteannta a chéile thíos i dtóin tobair—"

"Cad air ar mhair siad?" arsa Eibhlís. Chuir sí an-suim i gcónaí in aon scéal a bhain le hithe agus le hól.

"Mhair siad ar bhláthach," arsa an Luch Chodlamáin tar éis di a marana a dhéanamh ar feadh tamaillín.

"Chuirfeadh sin an treighid orthu, dar ndóigh," arsa Eibhlís go ciúin cneasta.

"Agus chuir, leis," arsa an Luch Chodlamáin," agus "agus chuir sí go mór féin orthu é."

Bhí Eibhlís ag iarraidh an pictiúr a dhéanamh ina haigne féin ar cad é an sórt slí ar mhair siad, ach bhí an scéal ag dul in aimhréidh uirthi. "Cad é a chúis," ar sise, "a raibh cónaí orthu thíos i dtóin tobair?"

"Bíodh braon eile tae agat," arsa an Giorria Márta go himníoch le hEibhlís.

"Dar ndóigh, ní raibh aon bhraon fós agam," ar sise go searbh, "agus ós rud é nach raibh, ní bhfaighinn níos mó a thógáil."

"Níos *lú*, a mheas tú a rá," arsa an Haitéir, "b'fhurasta duit níos *mó* ná dada a thógáil."

"Ní raibh éinne in aon chor ag lorg do thuairimse," arsa Eibhlís.

"Cé atá otair anois?" arsa an Haitéir, ag cur scolfairt gháire as.

Ní raibh a fhios ag Eibhlís go ceart cad é an freagra ba cheart di a thabhairt air seo. Thosaigh sí ag ól tae agus ag ithe aráin agus ime, agus d'iompaigh sí ar an Luch Chodlamáin agus chuir sí an cheist arís uirthi: "Cad é a chúis a raibh cónaí orthu thíos i dtóin an tobair?"

Rinne an Luch Chodlamáin a marana ar feadh cúpla nóiméad arís, agus ansin d'fhreagair sí, "Ba thobar bláthaí é."

"Níl a leithéid ann!" arsa Eibhlís go feargach, ach dúirt an Haitéir agus an Giorria Márta, "Éist! Éist!" Labhair an Luch Chodlamáin agus dúirt go stuacach: "Mura bhfaighidh tú tú féin a iompar, gheobhaidh tú deireadh a chur leis an scéal tú féin."

"Á! Abair leat," arsa Eibhlís go sár-íseal. "Ní chuirfidh mé isteach ort arís. B'fhéidir go raibh aon tobar amháin dá leithéid ann."

"Aon tobar amháin, an ea?" arsa an Luch Chodlamáin go searbhasach. Mar sin féin, lean sí ar an scéal. "Agus an triúr deirfiúracha seo," ar sise, "bhí siad ag foghlaim conas tarraingt a dhéanamh."

"Cad a tharraing siad?" arsa Eibhlís gan aon chuimhne ar an ngealltanas a bhí tugtha uaithi aici.

"Bláthach," arsa an Luch Chodlamáin, agus níor stad sí chun cuimhneamh in aon chor an iarracht seo.

"Tá cupán glan uaim," arsa an Haitéir. "Druideadh gach éinne ionad duine amháin chun cinn."

Lena linn sin dhruid sé féin chun cinn, agus lean an Luch Chodlamáin é; dhruid an Giorria Márta isteach san áit a raibh an Luch Chodlamáin, agus chaith Eibhlís, i gcoinne a tola, suí isteach san áit a raibh an Giorria Márta. Ba mheasa go mór a bhí Eibhlís as an iarracht seo ná mar a bhí sí roimhe seo, mar bhí an Giorria Márta tar éis crúiscín bainne a dhoirteadh san áit a raibh sé féin.

Níor theastaigh ó Eibhlís olc a chur ar an Luch Chodlamáin arís, agus mar gheall air sin ghabh sí timpeall uirthi go han-aireach. "Ní thuigim an scéal go rómhaith," ar sise, "cad as ar tharraing siad an bhláthach?"

"Nach féidir uisce a tharraingt as tobar fíoruisce," arsa an Haitéir, "agus ba dhóigh liom féin, dar ndóigh, go bhfaighfí bláthach a tharraingt as tobar bláthaí; nárbh fhéidir? A Phúca Poill!"

"Ach dar ndóigh, bhí siad istigh sa tobar," arsa Eibhlís leis an Luch Chodlamáin, ag ligean uirthi nach raibh aon suim aici i masla an fhir eile.

"Dar ndóigh, bhí," arsa an Luch Chodlamáin, "agus isteach go maith féin ann."

Chuir an freagra seo an chaidhp bháis ar fad anois ar Eibhlís, agus níor chuir sí isteach ná amach arís uirthi go ceann i bhfad.

"Bhí siad ag foghlaim conas tarraingt a dhéanamh," arsa an Luch Chodlamáin, agus í ag méanfach agus ag cuimilt a lámh dá súile, mar bhí an codladh á traochadh, "agus tharraing siad gach aon saghas ruda—gach rud le M ina thosach."

"Cad é an chúis le M?" arsa Eibhlís.

"Agus cad é an chúis nach ea?" arsa an Haitéir.

Dhún Eibhlís a béal agus ní dúirt sí a thuilleadh.

Bhí a súile dúnta ag an Luch Chodlamáin agus múisiam codlata uirthi, ach nuair a bhain an Haitéir miotóg aisti dhúisigh sí arís agus chuir sí sceamh aisti, agus lean sí uirthi leis an scéal: "Gach rud a thosaíonn le M, mar madra, mionán, móin lín, mí-ádh, agus mar sin—an bhfaca tú riamh pictiúr den mhí-ádh á tharraingt?"

"Muise, más ea, anois gur fhiafraigh tú díom é, ní dóigh liom go bhfaca mé," arsa Eibhlís agus náire uirthi é a admháil.

"Ba cheart duit do bhéal a éisteacht, más ea," arsa an Haitéir.

Ní bhfaigheadh Eibhlís an tarcaisne seo a sheasamh a thuilleadh agus d'éirigh sí le seirfean agus d'imigh sí léi. Thit a codladh ar an Luch Chodlamáin gan stad agus níor chuir éinne den bheirt eile suim inti ag imeacht. D'fhéach sí ina diaidh orthu cúpla babhta ag tnúthán go nglaofaidís uirthi; an babhta deireanach a d'fhéach sí ina diaidh orthu bhí greim acu ar an Luch Chodlamáin istigh eatarthu agus iad ag iarraidh í a ropadh i ndiaidh a cinn isteach i gcorcán an tae.

"Pé scéal é," arsa Eibhlís léi féin agus í ag cur di tríd an gcoill, "ní rachaidh mé ansin choíche arís. Is í an chuideachta tae is mí-ámharaí dá bhfaca mé riamh i mo shaol beatha í."

Lena linn sin cad a d'fheicfeadh sí ná doraisín beag isteach i gceann de na crainn. "Is ait é sin!" ar sise léi féin. "Ach dar ndóigh, tá gach aon rud ait inniu. Is dócha gur fearr dom dul isteach." Agus isteach léi gan a thuilleadh moille.

Cá mbeadh sí ach sa halla mór fada arís, agus díreach taobh leis an mbord beag gloine. "Caithfidh mé mo ghnó a dhéanamh níos fearr an iarracht seo," ar sise. Thóg sí an eochair bheag órga ina lámh agus bhain sí an glas den doras a bhí ag dul isteach sa ghairdín. Thosaigh sí ansin ag miotú leis an muisiriún (bhí píosa beag de ina póca aici i gcónaí) go dtí nach raibh inti ach troigh ar airde; shiúil sí léi ansin síos an halla caol: agus cár tharla di ach istigh i ngairdín álainn i measc na mbláthanna agus na dtoibreacha fíoruisce.

Faiche Cróice na Banríona

Bhí crann mór róis díreach ar do dhul isteach duit sa ghairdín, rósanna bána a bhí ag teacht air, ach bhí triúr garraíodóirí ann ar a ndícheall ag cur dearg orthu. B'ait le hEibhlís an obair seo, agus dhruid sí taobh leo ag faire orthu. Díreach agus í ag druidim leo d'airigh sí duine acu á rá: "Tabhair aireachas anois, A Chúig, a bhuachaill, agus ná bí do mo smearadh leis an dath mar sin!"

"Ní raibh leigheas agam air," arsa A Cúig. "Is é A Seacht a chorraigh mo lámh."

D'ardaigh A Seacht a cheann agus d'fhéach sé orthu agus dúirt: "Go maith, A Cúig, a dheartháir! Cuir a mhilleán ar dhuine éigin eile i gcónaí!

"Is fearr duitse do bhéal a dhúnadh," arsa A Cúig, "nach inné a d'airigh mé an Bhanríon á rá gur cheart an ceann a scuabadh díotsa?"

"Cad é a chúis?" arsa an chéad duine a labhair.

"Ní bhaineann an gnó olc ná maith leatsa, A Dó," arsa A Seacht.

"Baineann," arsa A Cúig, "agus inseoidh mise dó é—mar gheall ar mheacain bhána a thug sé go dtí an cócaire in áit oinniún."

Chaith A Seacht uaidh ar an talamh an scuab a bhí ina lámh aige agus thosaigh sé: "Dar seo agus siúd," ar seisean, "is mór an éagóir agat é—" ní raibh ach an méid sin ráite aige nuair a thug sé faoi deara Eibhlís agus í ina seasamh taobh leo ag faire orthu, agus bhain sé siar as féin gan stad. D'fhéach an chuid eile timpeall agus d'umhlaigh siad go talamh di.

"An inseoidh sibh dom," arsa Eibhlís, "cad chuige a bhfuil sibh ag cur datha ar na rósanna?"

Níor labhair A Cúig ná A Seacht, ach d'fhéach siad ar A Dó. Labhair A Dó os íseal agus dúirt: "Chun an fhírinne a insint duit, a bhean uasal, ba cheart gur crann rósanna dearga a bheadh anseo againn, ach ina áit sin crann rósanna bána a chuireamar ann; agus dá bhfaigheadh an Bhanríon amach go ndearnamar a leithéid bhainfeadh sí na cinn dínn ar fad. Agus, féach, a bhean uasal, táimid ag déanamh ár ndíchill, sula dtiocfaidh sí, chun—" Lena linn sin ghlaoigh A Cúig amach: "An Bhanríon! An Bhanríon!" agus ar an nóiméad chaith an triúr garraíodóirí iad féin ar a mbéal agus ar a n-aghaidh ar an talamh. Airíodh fothram mar a bheadh go leor daoine ag siúl agus d'fhéach Eibhlís taobh thiar di, mar ba mhaith léi an Bhanríon a fheiceáil.

Bhí deichniúr saighdiúirí ar tosach agus bataí acu. Bhí siad díreach ar dhéanamh na ngarraíodóirí, .i. ar dhéanamh cártaí, agus na cosa agus na lámha ag na cúinní; ina ndiaidh sin aniar tháinig deichniúr de lucht Phálás an Rí; bhí siad go léir ornáidithe le muileataí, agus iad ag siúl ina mbeirteanna agus ina mbeirteanna mar a bhí na saighdiúirí. Díreach ag a sála seo tháinig clann an Rí: deichniúr díobh seo a bhí ann, leis, agus bhí siad ag léimneach agus ag preabaireacht agus ag déanamh grinn agus meidhre dóibh féin, greim ar lámha ag gach aon bheirt acu ar a chéile agus a gcraiceann go léir buailte le hairt. Ina dhiaidh sin go léir tháinig an dream a bhí ar cuairt acu—ríthe agus banríona iad go léir, geall leis—ach cé a bheadh istigh ina measc ach an Coinín Gléigeal. Bhí sé ag caint go mear agus saghas creatháin ann, fáth an gháire ina bhéal le gach aon rud a déarfaí, agus ghabh sé thar Eibhlís gan aon suim a chur inti. Ansin is é duine a tháinig ach an Cuireata Hart agus coróin an Rí idir a dhá lámh aige leagtha in airde ar chúisín déanta de shíoda corcra; agus ina ndeireadh thiar tháinig AN RÍ AGUS AN BHANRÍON HART.

Ní raibh a fhios ag Eibhlís ná gur cheart di í féin a chaitheamh ar a béal agus ar a haghaidh mar a rinne na garraíodóirí ach níor airigh sí riamh a leithéid de riail ag baint le cuairt Rí: "agus rud eile," ar sise, "cad é an mhaith turas Rí mar seo dá mb'éigean do gach éinne é féin a chaitheamh ar a bhéal agus ar a aghaidh—dar ndóigh, ní bhfaigheadh éinne aon rud a fheiceáil." Sheas sí mar a bhí sí agus mar a raibh sí.

Nuair a ráinigh siad an áit a raibh sí, sheas siad go léir agus d'fhéach uirthi, agus d'fhiafraigh an Bhanríon go crosta cérbh í seo. Ar an gCuireata Hart a chuir sí an cheist, ach ní dhearna sé ach umhlú agus smiota gáire a chur as.

"A phleidhce!" arsa an Bhanríon, ag baint stiúrach aisti féin; ansin d'iompaigh sí ar Eibhlís: "Cad is ainm duit?" ar sise.

"Eibhlís is ainm dom, a Bhanríon le toil d'onóra uaisle," arsa Eibhlís go dea-bhéasach, "ach," ar sise léi féin, "dar ndóigh, níl iontu ach paca cártaí; cad é an chúis a mbeadh eagla ormsa rompu?"

"Agus cé hiad seo?" arsa an Bhanríon leis na garraíodóirí a bhí sínte ar an talamh timpeall ar an gcrann róis; mar nuair a bhí siad sínte agus a mbéal fúthu agus na comharthaí ar a ndroim mar a chéile leis an gcuid eile den phaca, ní bhfaigheadh sí a dhéanamh amach ar gharraíodóirí, nó ar shaighdiúirí, nó ar lucht an Pháláis, nó ar thriúr dá clann féin iad.

"Cá bhfios domsa cé hiad?" arsa Eibhlís, agus chuir sí iontas uirthi féin a dhána agus a labhair sí. "Cad é an bhaint atá agam leis an ngnó?"

Dhera, a dhuine, chuir an Bhanríon círín uirthi féin le neart faobhar feirge, agus sheas a dhá shúil ina ceann, agus bhí sí mar bheithíoch allta, agus tar éis nóiméid scréach sí: "Scuab an ceann di; scuab sin."

"Díth céille, a bhean!" arsa Eibhlís, go hard agus go neamhspleách. Níor fhan focal ag an mBanríon.

Leag an Rí a lámh ar ghualainn na Banríona agus dúirt: "Cuimhnigh, a chuid den saol," ar seisean, "níl inti ach leanbh."

D'iompaigh an Bhanríon uaidh le holc agus dúirt leis an gCuireata: "Iompaigh ar a ndroim iad sin."

Chuir an Cuireata a chos fúthu agus d'iompaigh sé go deas ar a ndroim iad.

"Éirígí!" arsa an Bhanríon de scréach uafásach, agus léim an triúr garraíodóirí ina seasamh agus chrom siad ag umhlú don Rí agus don Bhanríon agus do chlann an Rí, agus do gach éinne eile.

"Caithigí uaibh in ainm Chroim!" arsa an Bhanríon, "tá meabhrán i mo cheann agaibh. Cad a bhí sibh a dhéanamh anseo?"

"Le toil d'onóra ró-uasal," arsa A Dó, agus chrom sé a cheann agus chuaigh sé síos ar a leathghlúin agus é á fhreagairt: "Bhíomar ag iarraidh—"

"Tuigim anois!" arsa an Bhanríon. Bhí sí ag tabhairt an chrainn róis faoi deara ar feadh na haimsire. "Scuabtar na cinn díobh!" ar sise, agus d'imigh gach éinne leo sa siúl ach triúr saighdiúirí a d'fhan chun an t-ordú a chur i bhfeidhm. Rith an triúr garraíodóirí chun Eibhlís á ndídean.

"Ní bhainfear na cinn díbh!" arsa Eibhlís, agus rug sí orthu agus chaith sí isteach i ndabhach mhór iad a bhí taobh léi. D'fhan an triúr saighdiúirí á lorg ar feadh cúpla nóiméad, agus ansin nuair nach bhfuair siad iad lean siad an chuid eile.

"'Bhfuil an ceann díobh?" arsa an Bhanríon.

"Is cuma orthu siúd nó díobh iad, a Bhanríon ró-onórach," arsa na saighdiúirí.

"Is fíor sin!" arsa an Bhanríon. "An bhfuil tú inniúil ar chróice a imirt?"

Dhún na saighdiúirí a mbéal agus d'fhéach siad ar Eibhlís, mar gur uirthi a cuireadh an cheist.

"Tá mé inniúil air," arsa Eibhlís.

"Siúil leat, más ea," arsa an Bhanríon, agus seo chun siúil Eibhlís i bhfochair na coda eile.

"Nach—nach breá an lá é!" arsa guth gairid di. Cé a bheadh ann ach an Coinín Gléigeal agus é ag cur na súl tríthi.

"Is breá, mhuise!" arsa Eibhlís, "cá bhfuil an Bandiúc?"

"Éist! Éist!" ar seisean, agus d'fhéach sé thar a ghualainn á rá sin dó, agus ansin d'éirigh sé ar ordóga a chos deiridh agus chuir sé a bhéal chun a cluaise agus dúirt i gcogar léi: "táthar chun an ceann a bhaint di."

"Cad é a ghnó?" arsa Eibhlís.

"An ndúirt tú 'Mo thrua í'?" arsa an Coinín.

"Ní dúirt," arsa Eibhlís, "ní dóigh liom gur trua in aon chor í. Dúirt mé 'Cad é a ghnó?'"

"Bhuail sí an Bhanríon feadh na cluaise." Chuir Eibhlís scairt gháire aisti. "Ó, éist!" arsa an Coinín arís, "aireoidh an Bhanríon thú!" Tháinig sí roinnt déanach don chluiche agus—"

"Téadh gach éinne chun a áite féin!" arsa an Bhanríon go hardghlórach, agus seo gach éinne ag rith agus ag bualadh i gcoinne a chéile, ach ba ghairid go raibh siad socair agus gur thosaigh an cluiche. Shíl Eibhlís nach bhfaca sí a leithéid d'fhaiche cróice riamh ina saol; ardáin agus ísleáin ba ea í ar fad; gráinneoga na liathróidí a bhí acu, agus corra éisc beo a bhí mar mháilléid acu, agus chaith na saighdiúirí iad féin a lúbadh agus seasamh ar a lámha agus ar a gcosa chun na stuanna a dhéanamh díobh.

Tháinig sé crua ar Eibhlís an chéad uair láimhseáil a dhéanamh ar a corr éisc féin; d'éirigh léi cabhail an choirr éisc a shocrú deas go leor faoina hascaill agus a cosa ar sileadh síos taobh thiar, ach nuair a bhíodh a mhuineál dírithe amach aici agus í chun iarracht dá ghob a bhualadh ar an ngráinneog d'iompaíodh an corr éisc siar uirthi agus thugadh sé féachaint ghreannmhar isteach idir an dá shúil uirthi sa tslí go gcaithfeadh Eibhlís lúbadh síos le neart gáire; agus nuair a bhíodh a mhuineál dírithe arís aici agus í i gcóir chun tosú bhíodh an ghráinneog teite; ina fhochair sin arís bhí ardán nó ísleán roimpi sa tslí pé áit a mbíodh sí chun an ghráinneog a chur; agus chun an mí-ádh ceart a dhéanamh ar an scéal d'éiríodh na saighdiúirí as an áit a mbídís agus bhídís ag dul ó áit go háit ar fud na faiche. Bhí sé déanta amach ag Eibhlís gurbh é an scanradh saolta an cluiche a imirt.

Bhí gach éinne ag imirt dó féin agus gach éinne ag imirt san am céanna; ní raibh éinne ag fuireach leis an duine eile; gach éinne ag troid agus ag bruíon agus ag achrann, agus ba ghairid go raibh an Bhanríon ar deargbhuile agus í ag imeacht ar fud na páirce ag bualadh a coise ar an talamh agus ag scréachach amach le hardbhinbh: "Scuab an ceann de," nó "Scuab an ceann di," gach aon nóiméad.

Bhí roinnt scátha ag teacht ar Eibhlís: ní raibh sí tar éis aon achrann a bheith aici leis an mBanríon suas go dtí seo, ach bhí sí ag coinne leis aon nóiméad, "agus ansin," ar sise léi féin "cad a dhéanfainn? Tá an tubaiste orthu anseo chun an ceann a scuabadh de na daoine le gach aon fíge fí. Ní fheadar conas tá éinne beo ina measc."

Bhí sí ag féachaint timpeall chun slí éigin a cheapadh chun éalú léi nuair a thug sí faoi deara rud éigin ait sa spéir. B'ait léi go mór an chéad uair é, ach i gceann cúpla nóiméad rinne sí amach gur drannadh é agus dúirt sí léi féin gurbh é an Cat Clárach é chomh siúráilte le haon rud, agus go mbeadh duine éigin anois aici chun caint léi.

"Cad é an scéal é?" arsa an Cat Clárach chomh luath agus a bhí a bhéal fásta go leor chun labhairt.

D'fhan Eibhlís gan aon fhreagra a thabhairt air gur fhás a shúile, "agus cad é an mhaith labhairt leis," ar sise léi féin, "go mbeidh a chluasa aige nó go mbeidh leathchluas aige pé scéal é." Is gairid go raibh a cheann go léir le feiceáil aici, agus ansin leag sí uaithi an corr éisc a bhí aici agus thosaigh sí ag léiriú dó i dtaobh an chluiche agus áthas uirthi go raibh duine éigin aici chun éisteacht léi. Bhí an Cat sásta anois go raibh go leor de le feiceáil agus níor fhás a thuilleadh de.

"Ní dóigh liom go n-imríonn siad an cluiche go macánta in aon chor," arsa Eibhlís, ag bogadh chun na cainte, "agus tá siad go léir chomh mór sin chun achrainn nárbh fhéidir leat tú féin a aireachtáil, ní áirím go n-aireofaí éinne eile—agus ní dóigh liom go bhfuil aon rialacha acu, nó má tá ní leanann éinne acu iad—agus ní thuigfeá cad é an cur amú a dhéanann sé ar dhuine gur le rudaí beo a imrítear é; cuirim i gcás anois an stua a gcaithfidh mé gabháil faoi, sin é ag siúl timpeall an taobh eile den pháirc é."

"Conas a thaitníonn an Bhanríon leat?" arsa an Cat i gcogar léi.

"Ní thaitníonn sí liom in aon chor," arsa Eibhlís, "tá sí chomh—" Lena linn sin díreach thug sí faoi deara go raibh an Bhanríon díreach ag a cúl ag éisteacht léi "—*maith* sin gur dóichí de gur léi a rachaidh an cluiche agus nach fiú dúinn deireadh a chur leis."

Chuir an Bhanríon smiota gáire aisti agus d'imigh sí léi.

"Cé leis a bhfuil tú ag caint?" arsa an Rí, ag teacht suas go dtí an áit a raibh Eibhlís agus sheas a dhá shúil ina cheann nuair a chonaic sé í ag caint le ceann cait.

"Duine muinteartha dom é sin—Cat Clárach," arsa Eibhlís. "Fan go gcuirfidh mé in aitheantas a chéile sibh."

"Ní maith liom an drannadh atá air," arsa an Rí; "ach mar sin féin, gheobhaidh sé mo lámh a phógadh más maith leis é."

"B'fhearr liom gan a dhéanamh," arsa an Cat.

"Ná labhair liomsa sa tslí sin," arsa an Rí, "agus ná féach orm sa tslí sin ach an oiread." Chuaigh sé ar scáth Eibhlíse le linn na cainte dó.

"Gheobhaidh an cat féachaint ar an Rí," arsa Eibhlís, "léigh mé sin i leabhar éigin, ach ní fheadar mé anois cad é an leabhar é."

"Caithfear é a chur as an áit seo," arsa an Rí go húdarásach, agus ghlaoigh sé ar an mBanríon a bhí ag dul tharstu san am céanna. "Féach, a chroí na páirte!" ar seisean, "b'fhearr liom go ndéarfá le duine éigin an Cat seo a chur as an áit seo."

Ní raibh ag an mBanríon ach an t-aon slí amháin chun teacht as gach aon trioblóid, beag agus mór. "Scuab an ceann de!" ar sise, gan an oiread agus féachaint taobh thiar di.

"Béarfaidh mé féin liom fear an dícheannta," arsa an Rí, agus as go brách leis.

Dúirt Eibhlís léi féin go raibh sé chomh maith aici dul ag féachaint conas a bhí ag éirí leis an gcluiche; d'airigh sí caint na Banríona i bhfad uaithi agus í ag scréachach agus ag liúireach le rabharta feirge. Bhí sí ag éisteacht léi ag daoradh triúr de na himreoirí chun a ndícheannta cionn is gur theip orthu freagairt don imirt, agus anois níor thaitin léi an dealramh a bhí ar rudaí, mar bhí gach aon rud sa chluiche ar aon ligint amháin sa tslí nach raibh a fhios aici ar di féin imirt nó nár di. Chuaigh sí ar lorg a gráinneoige.

Cá bhfaigheadh sí í ach ag troid le gráinneog eile, agus dúirt sí léi féin gur mhaith an chaoi di é ceann acu a chur sa chluiche leis an gceann eile, ach bhí an corr éisc imithe uaithi trasna go dtí an taobh eile den pháirc agus é ag iarraidh eitilt in airde ar cheann de na crainn.

Nuair a tháinig sí thar n-ais leis an gcorr éisc bhí an troid i leataobh ag an dá ghráinneog agus iad imithe as a radharc: "Is cuma é," ar sise léi féin, "mar tá na stuanna go léir imithe go dtí an taobh eile den pháirc." Bhailigh sí chuici an corr éisc faoina hascaill ar eagla go n-éalódh sí arís uaithi agus chuaigh sí thar n-ais go dtí a duine muinteartha chun píosa eile seanchais a bheith aici leis.

Nuair a tháinig sí go dtí an áit a raibh an Cat Clárach chuir sé iontas uirthi an comhthionól mór a bhí bailithe timpeall air. Bhí díospóireacht éigin ar siúl idir fear an dícheannta, an Rí, agus an Bhanríon; bhí siad go léir ag caint san am céanna, agus bhí an chuid eile go léir agus gan gíog astu agus d'fhéach siad an-mhíchompordach.

Nuair a tháinig Eibhlís chuaigh siad a dtriúr in achainí uirthi an scéal a réiteach dóibh; d'inis gach duine a thaobh féin den scéal, agus ós rud é go raibh siad a dtriúr ag caint in éineacht ba dheacair di a dhéanamh amach cad a bhí siad a rá.

Is é rud a dúirt fear an dícheannta ach nach bhfaighfí an ceann a bhaint de cheann-gan-cholainn; nár tugadh a leithéid le déanamh riamh dó; agus nach raibh sé chun tabhairt faoi an t-am seo dá shaol.

Is é rud a dúirt an Rí ach gur chóir go bhfaighfí ceann a dhícheannadh agus nach raibh ach díth céille bheith ag rá a mhalairt.

Is éard a dúirt an Bhanríon ach mura ndéanfaí rud éigin, agus sin gan stad, go mbainfí an ceann de gach éinne. (Sin í an chaint a chuir an oiread sin míchompoird ar an gcuideachta ar fad.)

Ní bhfaigheadh Eibhlís cuimhneamh ar aon rud eile a rá ach, "Cuir faoi rá an Bhandiúic é; fiafraigh di sin cad ba cheart a dhéanamh."

"Tá sí sin faoi ghlas," arsa an Bhanríon le fear an dícheannta: "tabhair anseo chugainn í"; agus d'imigh sé sin mar a scaoilfí urchar as gunna.

Chrom ceann an chait ag meath agus ag meath chomh luath agus a fuair sé fear an dícheannta imithe, agus nuair a d'fhill sé thar n-ais leis an mBandiúc ní raibh teimheal den cheann le feiceáil. Rith fear an dícheannta agus an Rí go fiáin thall agus abhus i ngach aon áit á lorg agus chuaigh an chuid eile den chuideachta ag imirt an chluiche.

Scéal an Ghamhna Shliogánaigh

"Ní fheadair tú cad é an t-áthas a chuireann sé orm tú a fheiceáil arís, a dhuine mo chroí!" arsa an Bandiúc, ag cur a láimhe isteach in ascaill Eibhlíse agus á hardú léi ag siúl timpeall na páirce.

Bhí áthas ar Eibhlís í a bheith chomh séimh, chomh caidreamhach sin seachas an lá a casadh uirthi sa chistin í, agus bhí sí ag cuimhneamh ina haigne féin gur dócha gurbh é an piobar ba chiontach le mí-iompar alltach an lae sin.

"Nuair a bheidh mé i mo chéile ag tiarna," arsa Eibhlís léi féin (agus ní haon mhuinín róláidir a bhí aici go mbeadh), "ní bheidh aon ghráinne piobair agam i mo chistin. Déanfaidh an t-anraith an gnó go maith gan é—B'fhéidir gurb é an piobar is ciontach i gcónaí le teasaíocht agus mí-iompar na ndaoine," agus lean sí uirthi mar sin ag déanamh a marana ar an scéal agus í go mór inti féin go raibh rud éigin nua déanta amach aici, "agus fínéagar a dhéanann míshásta leis an saol iad, purgóidí a dhéanann searbhasach iad; agus an siúcra dar ndóigh, a dhéanann na leanaí dea-iomparach, dea-bhéasach; nach bocht an cás nach dtuigeann na daoine an méid sin, ní bheidís chomh táir sin faoi na milseáin a thabhairt uathu dá dtuigfidís."

Sa mhachnamh di níor chuimhnigh sí go raibh an Bandiúc ina cuideachta in aon chor gur chuir sí sin í féin in iúl di agus go ndúirt sí, "Tá tú ag machnamh ar rud éigin agus baineann sin do chaint díot. Ní bhfaighinn a rá anois díreach cad é an múineadh a bhaintear as sin, ach is cuma é, cuimhneoidh mé ar an nóiméad air."

"B'fhéidir nach bhfaightear aon mhúineadh as sin," arsa Eibhlís.

"Huth, huth, a dhuine! Níl dada nach bhfaighfí múineadh as, dá n-éireodh le daoine é a fháil." Agus d'fháisc sí í féin isteach níos giorra d'Eibhlís.

Níor thaitin le hEibhlís í a bheith á fáisceadh féin isteach léi: sa chéad áit, bhí an mí-ádh le gránnacht ar an mBandiúc; agus rud eile, bhí sí díreach ard go leor a smigín a leagan ar ghualainn Eibhlíse, agus bhí an smigín céanna chomh géar le cloch. Mar sin féin, níor mhaith le hEibhlís a bheith mí-bhéasach, agus chuir sí suas leis chomh maith agus a d'fhéad sí. "Tá ag éirí níos fearr leis an gcluiche anois," arsa Eibhlís, ag déanamh iarracht éigin ar an gcaint a choimeád ar siúl.

"Tá sin," arsa an Bandiúc, "agus an bhfuil a fhios agat a mhúineadh sin? Seo é—'Dá ghiorra do dhuine a chóta is giorra ná sin dó a léine'."

"Agus nach ndúirt duine éigin," arsa Eibhlís, "gur milis an rud é an t-anam."

"Mhuise, is mar a chéile é," arsa an Bandiúc, ag cur iarracht dá smigín síos trí ghualainn Eibhlíse "agus an bhfuil a fhios agat a mhúineadh sin—'Chomh mar a chéile an dá mharbhlao'."

"Nach iontach an caitheamh ina dhiaidh atá aici," arsa Eibhlís ina haigne féin, "múineadh a bhaint as gach aon rud!"

"Táim ag cuimhneamh," arsa an Bandiúc, "gurb ait leat nach bhfuil mé ag cur mo lámh timpeall ort, ach chun an fhírinne a insint duit níl aon mhuinín agam as do chorr éisc. Ní fheadar an dtriailfinn é?"

"Is baol liom go gcuirfidh sé gob ionat," arsa Eibhlís mar níor thaitin léi in aon chor go ndéanfadh sí a leithéid.

"Tá an ceart agat," arsa an Bandiúc, "nár airigh tú riamh corr éisc nó míoltóg, míoltóg, míoltóg! agus a mhúineadh sin—'Ní thuigeann an sách don seang, nuair atá a bholg féin teann'."

"Is ea," arsa Eibhlís, "ach ní teann bolg corr éisc."

"Tá an ceart arís agat," arsa an Bandiúc, "nach cruinn a labhraíonn tú i gcónaí?"

"Deirtear," arsa Eibhlís, "gur binn béal mná ina thost."

"Ó, tá a fhios agam," arsa Eibhlís agus ní fheadair sí in aon chor cad a dúirt an Bandiúc, bhí a leithéid sin de leagan cainte fúithi, "fios fáth scéil gan bun."

"Táim ar aon aigne leat sa mhéid sin," arsa an Bandiúc, "agus a mh—" Níor chríochnaigh sí an focal agus chrom sí ag crith le falsaer agus thit a dhá lámh síos léi. D'fhéach Eibhlís uirthi agus b'ait léi cad a bhí ag teacht uirthi—shíl sí gur á tachtadh ag an Diúc a bhí sí—ach cad a bheadh taobh leo ach an Bhanríon agus í ag borradh agus ag at mar a bheadh cat i mála.

"Lá breá, a Bhanríon!" arsa an Bandiúc go haimléiseach.

"Táim á rá leat," arsa an Bhanríon óna scairteacha amach agus ag bualadh iarracht dá cos ar an talamh, "go gcaithfidh tusa nó do cheann a bheith scriosta as mo radharc i leath an mhéid aimsire agus a bhainfeadh sé de dhuine léim ina sheasamh dá suífeadh sé ar an ngrideall dearg! Bíodh do rogha agat!"

Agus bhí a rogha aici; bhí sí teite sula raibh an focal as a béal aici.

"Leanaimis orainn leis an gcluiche," arsa an Bhanríon le hEibhlís, agus bhí an iomarca eagla ar Eibhlís aon rud a rá ach an Bhanríon a leanúint go dtí faiche an chróice.

An dream eile a bhí ag imirt an chluiche chuaigh siad ar scáth na cupóige ón ngrian nuair a fuair siad an Bhanríon imithe uathu, ach ar an nóiméad a chonaic siad ag casadh í seo chun an chluiche arís iad. Ní dúirt an Bhanríon aon rud ach gur mhaith an bhail orthu nár fhan siad faoin scáth gur chas sí, go mbeadh a n-anam aici.

A fhad a bhí an cluiche ar siúl ní dheachaigh lagú ar an mBanríon ach ag achrann, ag achrann le gach éinne eile de na himreoirí, agus ag scréachadh amach, "Scuab an ceann de!" nó "Scuab an ceann di!" An dream a daoradh chun a ndícheannta bhí siad gafa ag na saighdiúirí, agus ós rud é gurbh iad na saighdiúirí na stuanna a bhí acu bhí deireadh leis na stuanna i gceann leathuair an chloig agus bhí na himreoirí eile go léir gafa agus faoi ghlas ach amháin an Rí agus an Bhanríon agus Eibhlís.

Stad an Bhanríon go tobann agus saothar uirthi, agus d'fhiafraigh sí d'Eibhlís an bhfaca sí riamh an Gamhain Sliogánach.

Dúirt Eibhlís nach bhfaca, agus rud eile nach raibh a fhios aici cad é an sórt é in aon chor an Gamhain Sliogánach seo.

"As sin," arsa an Bhanríon, " a dhéantar an súp."

"Ní fhaca mé ceann acu riamh," arsa Eibhlís, "agus rud eile," níor airigh mé trácht orthu."

"Siúil leat, más ea," arsa an Bhanríon, "agus inseoidh sé an scéal duit."

Nuair a bhí siad ag imeacht, d'airigh Eibhlís an Rí á rá go híseal leis an gcuideachta, "Tá sibh go léir saor arís!" "Is maith é sin," arsa Eibhlís; bhí sí an-bhuartha mar gheall ar an méid básuithe a d'ordaigh an Bhanríon.

San imeacht dóibh casadh Gríobh orthu agus é ina thromchodladh sa ghrian sa chosán rompu. (An Ghríobh seo, iolar ba ea an leath tosaigh de agus leon ba ea an leath eile.) "Éirigh, a scraiste dhíomhaoin!" arsa an Bhanríon, "agus taispeáin don bhean uasal seo an Gamhain Sliogánach. Caithfidh mise casadh thar n-ais chun féachaint i ndiaidh roinnt básuithe atá ordaithe agam," agus chuir sí di, agus d'fhág sí Eibhlís agus an Ghríobh ansin i gcuideachta a chéile. Ní rómhaith a thaitin dealramh na Gríbhe le hEibhlís, ach mar sin féin, chreid sí go mbeadh sé chomh sábháilte di a bheith ina fhochair le bheith i gcuideachta na Banríona allta sin.

Dhúisigh an Ghríobh agus bhain sé sracadh as a shúile; d'fhéach sé i ndiaidh na Banríona go raibh sí imithe as a radharc, ansin chrom sé ag scigireacht gáire agus ag caint leis féin. "A chiallach!" ar seisean, "nach mór an greann é."

"Cá bhfuil an greann?" arsa Eibhlís.

"Don Bhanríon atá mé ag tagairt," arsa an Ghríobh; "níl sí ach ag ligean uirthi; ní bhaineann siad an ceann d'éinne anseo. Siúil leat."

"Tá an focal sin i mbéal gach éinne anseo," arsa Eibhlís léi féin, "'siúil leat, siúil leat' ag gach éinne; níor cuireadh an oiread céanna orduithe riamh i mo shaol orm!"

Is gairid a chuaigh siad nuair a chonaic siad tamall uathu an Gamhain Sliogánach agus é ina shuí ar stolla cloiche go dubhach, dobrónach, uaigneach, agus gach aon osna as gur dhóigh leat go ndéanfadh dhá leath dá chroí. Bhí an-trua ag Eibhlís dó. D'fhiafraigh sí den Ghríobh cad a bhain don duine bocht gur thit sé chomh mór sin i mbrón. "Níl aon chúrsaí bróin aige sin, a iníon ó," arsa an Ghríobh, "ach is dóigh leis go bhfuil. Siúil leat!"

D'imigh siad leo suas go dtí an áit a raibh an Gamhain. Bhí a dhá shúil ata ó bheith ag gol. Níor chuir sé aon fháilte rompu.

"Teastaíonn ón ngearrchaile seo," arsa an Ghríobh, "fios fátha do scéil agus do chúrsaí bróin a fháil uait, teastaíonn sin."

"Suígí anseo i m'fhianaise, sibh araon," arsa an Gamhain, "agus léireoidh mé di é, ach ná labhraíodh éinne agaibh aon fhocal amach as a bhéal go mbeidh deireadh ráite agamsa le mo scéal."

Shuigh siad síos agus níor labhair éinne aon fhocal ar feadh roinnt nóiméad. "Ní fios," arsa Eibhlís ina haigne féin, "cathain a bheidh deireadh leis an scéal mura rud é go dtosóidh sé." Mar sin féin, bhrúigh sí fúithi.

I ndeireadh thiar thall chuir an Gamhain osna as, osna chomh trom chomh cathach sin gur dhóigh leat gur aníos as ordóga a chos a tharraing sé é agus chrom sé ag seanchas dóibh: "Och! Mo chreach agus mo léir, agus mo chumha le mo shaol," ar seisean, "bhí mé i mo Ghamhain ceart nádúrtha scaitheamh de mo shaol, ach bhí leasmháthair agam, agus bhí a leithéid sin de ghráin aici orm gur ghuigh sí ar Chrom Cruach sliogán a dhéanamh díom," agus stad sé ansin ar feadh tamaill mhóir eile. Níor labhair éinne, ach amháin go gcuireadh an Ghríobh gogal mór garbh as anois agus arís mar a d'aireofá ag pearóid agus an osnaíl mhór throm a bhíodh ag an nGamhain. Is beag a chuirfeadh d'fhiacha ar Eibhlís éirí ina seasamh agus a buíochas a ghabháil leis mar gheall ar an scéal deas taitneamhach a bhí sé tar éis insint dóibh, ach mar sin féin, cheap sí nach bhfaigheadh gan a thuilleadh a bheith aige le hinsint, agus d'fhan sí mar a bhí aici agus ní dúirt sí dada.

I gceann i bhfad anonn agus leis an osnaíl chéanna, thosaigh sé arís: "Nuair a bhíomarna beag," ar seisean, "cuireadh ar scoil sinn sa mhuir mhór. Sean-Ghamhain ba ea an t-oide múinte a bhí againn agus ní thugaimis aon ainm air ach an Sean-Phortán—"

"Cad é an chúis a dtugadh sibh Sean-Phortán air nuair nár phortán é?" arsa Eibhlís.

"Thugamar Sean-Phortán air," arsa an Gamhain go feargach, "mar go mbíodh sé ag portaireacht dúinn; nach dall atá tú!"

"Ba chóir náire a bheith ort," arsa an Ghríobh léi, "a leithéid de cheist a chur ar aon Chríostaí beo," agus d'fhéach an bheirt acu isteach idir an dá shúil ar Eibhlís bhocht, agus b'fhearr léi go dtitfeadh an spéir uirthi nó go slogfadh an talamh í, bí an oiread sin náire uirthi. "Tiomáin leat, a dhuine bhoicht!" arsa an Ghríobh leis an nGamhain, "agus ná caith an lá ar fad ag gabháil dó." Lean sé air:

"Is ea! Chuamar go dtí an scoil sa mhuir mhór, ach is dócha nach rómhaith a chreidfí—"

"Ní dúirt mé riamh nár chreid mé é!" arsa Eibhlís.

"Dúirt tú!" arsa an Gamhain.

"Éist do bhéal!" arsa an Ghríobh sula raibh uain ag Eibhlís focal eile a rá, agus lean an Gamhain air ag insint a scéil.

"Fuaireamar an léann agus an t-oideachas is fearr a bhí le fáil—bhíomar ag an scoil gach aon lá—"

"Chuaigh *mise* go dtí an scoil, leis," arsa Eibhlís, "agus níor scoil na bprátaí rósta é; sa tslí nach ceart duitse a bheith ag maíomh as do chuid léinn agus as do chuid scolaíochta."

"An scolaíocht choitianta, is dócha!" arsa an Gamhain, le roinnt searbhais. "Ní bhfuair tú aon phioc den scolaíocht ná den léann galánta."

"Fuair, mhuise," arsa Eibhlís, "d'fhoghlaim mé Fraincis agus ceol."

"Agus níochán?" arsa an Gamhain.

"Ní hea!" arsa Eibhlís, agus tháinig olc uirthi chuige.

"Ó, más ea," arsa an Gamhain, "níor scoil rómhaith bhur scoilse," agus thaispeáin sé go raibh áthas air é a bheith le rá aige. "I dTuarascáil na scoile ina raibh mise bhíodh an méid seo mar aguisín léi—'Ar Fhraincis, ceol, *agus níochán* beidh breis díolaíochta.'"

"Ní mórán gá a bhí agat le Níochán ná le haon rud eile thíos faoin bhfarraige," arsa Eibhlís.

"Níorbh acmhainn dom é a fhoghlaim, a chuigint," arsa an Gamhain, go truamhéalach, agus lena linn sin chuir sé osna as. "Níor bhac mé le haon rud," ar seisean, "ach leis an réim léinn choitianta."

"Cad iad na hábhair léinn a bhí sa réim sin?" arsa Eibhlís.

"Bhí," ar seisean, "Saint, Maíomh, agus Sníomh, ar an gcéad dul síos; agus ansin bhí Áireamh agus gach craobh eile a bhaineann leis an ealaín sin, mar atá, Tomhas, Leamhas agus Grabaireacht. Tabhair an leabhar leis gur crua é an Ghrabaireacht."

"Níor airigh mé riamh trácht air," arsa Eibhlís. "Cad é rud é, ar son Dé?"

"Ó, Dia linn agus cabhair ó Dhia chugainn!" arsa an Ghríobh. "Éist leis an óinseach gearrchaile a deir nár airigh sí riamh trácht ar Ghrabaireacht—í sin a bhfuil gob uirthi chun gobaireachta agus soc uirthi chun socaireachta—dar m'fhallaing, a chailín! go múinnfinnse duit é agus gan a bheith i bhfad ar a thí."

Is beag dá fhonn a bhí ar Eibhlís a thuilleadh ceisteanna a chur; ní fheadair sí an ar a ceann nó ar a cosa a bhí sí ina seasamh le neart náire: níor fhág an Ghríobh meas madra aici uirthi féin. D'iompaigh sí ar an nGamhain agus d'fhiafraigh sí de cad eile a bhí sé a fhoghlaim.

Dúirt sé go raibh sé ag foghlaim Fealsúnacht, Breallsúnacht agus Scigireacht—"Gach aon Aoine ar feadh uair an chloig tar éis dinnéir is ea a thagadh Ollamh na Scigireachta chugainn. Sean-Chnádán ba ea é, agus bhí fios a cheirde aige. Bhímis go léir sínte agus i riocht scoilteadh le gáire sula mbíodh sé réidh linn. Bhíodh sé éalaithe leis sula dtagaimis chugainn féin. Chaitheadh an-chuid dínn an leaba a thabhairt orainn féin leis an treighid tar éis a leachtaí sin. An lá ina dhiaidh sin is ea a bhíodh an Lia le híce agus Poitigéireacht againn; agus chaithimis an tráthnóna sin ag déanamh Iompú Cait an Chraicinn."

"Conas a dhéantaí é sin?" arsa Eibhlís.

"Ní bhfaighinn é a thaispeáint duit anois mé féin; táim ag teacht ró-aosta, agus tá mo chnámha róchraptha. Agus is dóigh liom nár fhoghlaim an Ghríobh anseo riamh é."

"Ní raibh sé d'uain agam," arsa an Ghríobh, "ach más ea chaith mé téarma i bhfochair Fear Gaile agus Gaisce: seanghliomach ba ea é."

"Níor chaith mise aon tamall ina fhochair sin," arsa an Gamhain, "ach d'airínn nach raibh aon teorainn leis chun Méanfach, Sraothartach, agus Snagaireacht a mhúineadh."

"Ó, nach agamsa atá a fhios é," arsa an Ghríobh, ag oscailt a bhéil chomh mór agus go rachadh colúr siar ann, agus ag cur drannaidh air féin, agus ag cur sraothanna as gur dhóigh leat go ndúiseodh sé na mairbh a bhí sna reiligí.

"Ó, Dia linn, mura snaois é!" arsa Eibhlís, "ach mo dhearmad, cad é an fad a bhíodh sibh ag foghlaim gach aon lá?"

"Deich n-uaire an chloig an chéad lá; a leath sin an dara lá; agus a leath sin arís an tríú lá; agus mar sin de go dtí nárbh fhiú dúinn suí síos chun aon cheacht, bhíodh an t-am chomh gairid sin."

"Nárbh ait mar a leagadh amach an t-amchlár daoibh," arsa Eibhlís. "Is dócha go raibh an scéal ina shos agaibh as sin amach."

"Chaitheamar an chuid eile den aimsir ag fiach faochan," arsa an Gamhain.

"Is leor sin i dtaobh na réime léinn," arsa an Ghríobh, "is dóigh liom féin go bhfuil an léann ag dul os cionn meabhrach oraibh. B'fhéidir go n-inseofá di anois i dtaobh an chaithimh aimsire a bhíodh agaibh."

Rince an Ghliomaigh

Chuir an Gamhain Sliogánach osna as agus chuimil sé a lapa mór trasna a dhá shúl. D'fhéach sé ar Eibhlís agus thug sé iarracht ar labhairt léi, ach ní bhfaigheadh sé focal a thabhairt leis. Tháinig a leithéid sin de thocht ar a chroí. Ba dhóigh leat go mbrisfeadh a chroí ina chliabh nó go dtachtfaí é, sa tslí gur chaith an Ghríobh breith air agus cúpla creathadh a bhaint as agus é a bhualadh sa droim, féachaint an bhfaigheadh sé a anáil leis. I gceann tamaill tháinig sé chuige féin agus tháinig a chaint dó, ach bhí na deora ag rith anuas lena dhá phluc.

"Is dócha," ar seisean, "gur beag de do shaol a chaith tusa faoin bhfarraige—" ("Aon phioc," arsa Eibhlís) "—agus b'fhéidir nár cuireadh in aitheantas gliomaigh riamh tú—" ("D'ith mé p—" arsa Eibhlís, ach bhain sí siar aisti féin ar an nóiméad arís agus dúirt sí nár cuireadh, riamh) "—agus mar sin de níl aon tuiscint agat cad é an greann a bhíonn ag daoine ag déanamh Rince an Ghliomaigh."

"Níl, mhuise, aon tuiscint," arsa Eibhlís. "An bhfaighfeá a thaispeáint dom cad é an sórt é?"

"Mar seo," arsa an Ghríobh, ag baint an fhocail as béal an fhir eile, "caithfidh gach éinne seasamh ar aon líne i ndiaidh a chéile ar an trá—"

"In dhá líne," arsa an Gamhain. "Rónta, sliogáin, agus mar sin; agus ansin nuair a bhíonn an glóthach curtha as an tslí agat—"

"Baineann sé sin roinnt aimsire," arsa an Ghríobh.

"—tosaíonn an rince; gach éinne chun cinn i ndiaidh a chúil dhá iarracht—"

"Gach éinne agus gliomach mar pháirtí aige," arsa an Ghríobh.

"Ó, is ea, dar ndóigh," arsa an Gamhain, "gach éinne chun cinn agus thar n-ais arís dhá iarracht agus ansin d'aghaidh a thabhairt ar do pháirtí—"

"Ansin déan malairt gliomaigh agus thar n-ais go dtí d'áit féin arís," arsa an Ghríobh.

"Tá a fhios agat ansin," arsa an Gamhain, "go gcaitear—"

"Na gliomaigh!" arsa an Ghríobh, ag baint an fhocail as a bhéal arís agus ag tabhairt léim as a chabhail in airde san aer.

"—chomh fada amach san fharraige agus a fhéadfaidh tú—"

"Snámh ina dhiaidh ansin," arsa an Ghríobh de scréach.

"Iompú toll thar cheann san fharraige ansin," arsa an Gamhain agus é ag pramsáil timpeall.

"Malairt gliomaigh arís," arsa an Ghríobh, ag cur uallfairt as.

"Gach éinne a theacht i dtír arís ansin, agus sin deireadh leis an gcéad bhabhta de Rince an Ghliomaigh," arsa an Gamhain, go ciúin, mín, macánta, agus shuigh an dá bheithíoch a bhí fiáin allta síos go dubhach dobrónach i láthair Eibhlíse agus gan cnag astu ach iad ag cur na súl isteach tríthi.

"Rince an-deas is ea é, is dócha," arsa Eibhlís, go scáfar (deirim leat gur bhain siad preab aisti).

"Ar mhaith leat é a fheiceáil?" arsa an Gamhain.

"Ó go deimhin, ba mhaith," arsa Eibhlís.

"Is ea, déanaimis an chéad bhabhta de," ar seisean leis an Ghríobh. "Is féidir linn é a dhéanamh gan na gliomaigh, dar ndóigh. Cé a imreoidh an port dúinn?"

"Ó, imirse an port," arsa an Ghríobh. "Tá sé dearmadta agamsa."

Seo chun an rince an bheirt acu; sheasaidís anuas ar chosa beaga Eibhlíse nuair a thagaidís gairid di, agus bhí an dá lapa ardaithe acu araon agus iad á gcreathadh chun a thaispeáint go raibh siad ag coimeád istigh leis an gceol, agus an Gamhain ag gabháil an amhráin seo go mall righin ciamhair:—

"Chodlas féin i dtigh aréir,
     Is tuirseach tréith a bhí mo chuisle,
Is é comhrá béil a bhí acu go léir:
     M'iníon féin is a boc ar buile.
          Tá ina lá! Níl ina lá!
          Tá ina lá, is níl ina mhaidin.
          Tá ina lá! Níl ina lá!
          Ach solas ard atá sa ngealaigh.

Éirigh id' shuí, a fhir an tí,
     Cuir do bhríste umat go tapaidh,
Coinnigh suas cuideachta shuairc
     Don chroí mhaith mhór go dtiocfaidh an mhaidin.
          Tá ina lá! Níl ina lá!
          Tá ina lá, is níl ina mhaidin.
          Tá ina lá! Níl ina lá!
          Ach solas ard atá sa ngealaigh.

'Ní éireoidh mé im' shuí,' arsa fear an tí,
     'Is ní chuirfead bríste orm ná hata,
Blas ná braon dem' chuidse dí
     Ní raghaidh ina gcroí go dtiocfaidh an mhaidin.'
          Tá ina lá! Níl ina lá!
          Tá ina lá, is níl ina mhaidin.
          Tá ina lá! Níl ina lá!
          Ach solas ard atá sa ngealaigh.

Tá mo stocaí i dtigh an óil,
     Tá mo bhróga i dtigh an leanna,
Tá mo bha ag dul thar teorainn,
     Is níl bean óg a raghadh á gcasadh.
          Tá ina lá! Níl ina lá!
          Tá ina lá, is níl ina mhaidin.
          Tá ina lá! Níl ina lá!
          Ach solas ard atá sa ngealaigh.

> *Tá an bairille ar a cheann,*
> *Is ní fheicim ann ach dríodar deasca.*
> *Tá mo ghiní ar an mbord*
> *Is bímis ag ól go dtiocfaidh an mhaidin.*
> *Tá ina lá! Níl ina lá!*
> *Tá ina lá, is níl ina mhaidin.*
> *Tá ina lá! Níl ina lá!*
> *Ach solas ard atá sa ngealaigh.”*

“Táim buíoch díbh araon; rince iontach deas is ea an rince sin,” arsa Eibhlís, “ach buíochas le Dia,” ar sise léi féin, “go bhfuil deireadh leis.”

“Ach an t-amhrán,” ar sise, “bhuaigh sé sin ar ar airigh mé riamh le breáthacht; lig dom leis; agus mura bhfuil an Gamhain ábalta ar é a rá go binn ‘níl ina lá’. B’fhéidir go mbeidh amhrán eile agaibh, ach ar son Dé ná déanaigí aon rince, ní fhágfadh sé puth ionaibh.”

“Ó, i maite, a ghearrchaile, sin é a chuirfeadh snaidhm sna haenna agat mura mbeadh an lúth ionat,” arsa an Ghríobh.

“Is dócha é! Is dócha é!” arsa Eibhlís, “ach cad mar gheall ar amhrán eile?”

“Déarfaidh an Ghríobh amhráin dúinn,” arsa an Gamhain. “Tá a fhios agam go mbídís aige ina gcairn.”

Bhain an Ghríobh cúpla casadh as a eireaball, d’oscail sé amach a dhá sciathán, agus chuir sé scrogall air féin, agus tar éis cúpla casachtach a chur as chun a scornach a réiteach, d’iarr sé ar Eibhlís gloine uisce a fháil dó agus é a leagan ina fhianaise.

Nuair a bhí an méid sin déanta: “Ní fheadar mé an bhfaighidh mé tabhairt faoi in aon chor,” ar seisean, “tá na fiacla caillte agam, agus tá m’anáil ag teacht gairid.”

Mar sin féin, d’éirigh sé agus tar éis dó cúpla casachtach eile a chur as, thosaigh sé:—

> "*Maidin bhog dhrúchtmhar*
> *Idir Chaiseal a's Dhurlas*
> *Go triopalach ciúinmhear*
> *Gabháil im' choinne sa ród;*
> *Labhair sé go tláth liom*
> *Den chomhrá chaoin ghrámhar,*
> *'Gus chuir—*"

"Tá sé caillte agam, tá sé caillte agam," ar seisean.

"Misneach! Misneach!" arsa an Gamhain, "tabhair faoi arís, tabhair faoi arís, bhí a fhios agam nach dteipfeadh an guth ort."

"Is ea, déarfaidh mé ceann eile daoibh," arsa an Ghríobh.

> "*A Chomthain mhallaithe, guímse deacair ort a's gráin*
> *mhic Dé*
> *A's ar an ngasra úd bhí ceangailte go dlúth led' thaoibh,*
> *Mar is sibh a dhearbhaigh i láthair Choisdealbhaigh ar an*
> *dtriúr fear séimh*
> *Agus a chuir na Conairigh thar na farraigí go dtí na New*
> *South Wales.*

> *An té bheadh ina sheasamh ann agus dhéanfadh machnamh*
> *ar ár gcúis dá plé,*
> *Mar a sheasaigh sí ón a seacht ar maidin go dtí tar éis a*
> *naoi,*
> *Chrith an talamh fúinn le linn na labhartha dá dtabhairt*
> *sa mbréag*
> *A's mo ghraidhinse an t-anam bocht, tá sé damanta más*
> *fíor í an chléir.*

> *A Bhanríon bheannaithe, a's a Rí na bhFlaitheas geal,*
> *tabhair fuascailt orainn araon,*
> *A's ar an mbanaltra tá sa mbaile go dúbhach inár ndéidh.*

Le linn an aifrinn bígí ag agallamh 'gus ag guí chun Dé
Ar na Conairigh a thabhairt abhaile chugainn ó na New
*   South Wales."*

"Tar slán, tar slán, a fhir an chroí mhóir," arsa an
Gamhain, "agus céad slán leis an tseanaimsir; nach é an feall
gur chruaigh Dia an saol orainn agus go ndeachamar in aois.
Is ea, anois, a ghearrchaile, nár cheart go mbeadh cuideachta
éigin ionat agus go ndéarfá ceathrú bheag éigin dúinn."

"Tá gach aon rud chomh trína chéile sin orm le déanaí gur
ar éigean a gheobhainn cuimhneamh ar na focail," arsa
Eibhlís, "ach déanfaidh mé mo dhícheall, dar ndóigh."

D'éirigh sí ina seasamh agus d'umhlaigh sí dóibh araon i
ndiaidh a chéile; ní dhearna sí dearmad ar an méid sin, pé
scéal é; chuir sí a dhá láimhín taobh thiar dá droim, agus
chaith sí a ceann roinnt siar ar a guaillí, agus chuir sí gob
uirthi féin agus thosaigh sí:—

"Ar maidin moch a ghabhas amach
*   Ag dul go dtí'n scoil dom féin,*
Scian a's forc go toghail im' ghlaic,
*   A's lonradh te lem' thaobh.*
Ag taisteal dom tré phluide a's guta,
*   A's mo chaidhp go hard san aer,*
Cad a gheobhainn lem' ais ach sméar deas
*   Agus airne blasta géar."*

"Is ait an tslí atá an chaint sin agat," arsa an Gamhain.

"Tá sé chomh hait agus a gheobhadh sé a bheith," arsa an
Ghríobh, "ní mar sin a d'airínnse an t-amhrán sin in aon
chor le linn m'óige."

"Níor airigh mise riamh i mo shaol é," arsa an Gamhain,
"agus rud eile de, is dóigh liom gur raiméis ar fad é."

Ní dúirt Eibhlís aon rud; shuigh sí síos agus a haghaidh folaithe lena dhá láimhín aici, agus é ag rith léi nach dtitfeadh aon rud amach i slí nádúrtha go deo arís.

"Ba mhaith liom," arsa an Gamhain, "go ndéanfadh sí míniú éigin dúinn air."

"Ní bhfaighidh sí é a mhíniú duit," arsa an Ghríobh. "Abair an chéad cheathrú eile."

"Ach in ainm Dé!" arsa an Gamhain, "cad a bhí uaithi den scian agus den fhorc?"

"Mar sin a bhailítear sméara dubha anois, is dócha" arsa an Ghríobh.

Ba mhaith le hEibhlís go dtosóidís ag caint ar rud éigin eile, ach ní raibh aon phioc dá fhonn orthu.

"Abair an chéad cheathrú eile," arsa an Ghríobh, "seo mar a thosaíonn sé: 'Ní raibh bróg ná stoca, caidhp ná clóc''."

Ní bhfaigheadh Eibhlís bhocht inti féin iad a eiteach, ar a shon go raibh a fhios aici go dtiocfadh na focail go léir bun os cionn arís, agus thosaigh sí:—

> *"Ní raibh bróg ná stoca, caidhp ná clóc',*
>   *Ar airni dubha loc Léin;*
> *Agus shuigh an púca ar na smeara dubha,*
>   *A's ní raibh sceachóir ann ná caor.*
> *Ach an scian a's an forc bhí agam im' ghlaic*
>   *Theastaíodar go géar uaim féin,*
> *Chun pluide a's guta an bhóthair bhoig*
>   *A bhaint as an scéal go léir."*

"Cad é an mhaith duit a bheith ag rá na raiméise cainte sin," arsa an Gamhain, "mura rud é go bhfuil tú chun míniú éigin a thabhairt dúinn air. Is í an dramhaíl chainte is aite agus is míthaitneamhaí a d'airigh mé riamh i mo shaol beatha í."

"Caith uait í in ainm Dé agus Mhuire, más ea," arsa an Ghríobh agus deirim leat gur chaith.

"Ní fheadar," ar seisean, "an ndéanfaimis babhta eile de Rince an Ghliomaigh, nó b'fhéidir gur mhaith leat go ndéarfadh an Gamhain amhrán dúinn."

"Ó, amhrán an Ghamhna," arsa Eibhlís go tobann—chomh tobann agus chomh santach sin gur tháinig olc ar an nGríobh, agus go ndúirt sé leis féin agus pus air: "Is furasta daoine a shásamh! th'aicim, a dhuine úd, abair '*An tÚll*' di."

Chuir an Gamhain cúpla osna as agus dóbair go scoiltfeadh a chroí le tulcaí goil ag tosú an amhráin dó, dhún sé a dhá shúil, agus thosaigh sé ag cur dá chroí mar seo:—

"Tá scéilín nua 'gam le hinsint daoibhse,
    Cúrsaí spóirt agus comhrá dí,
Úll breá gleoite a chuireas im' phóca
    'S ná fuaireasa romham ann ach práitín síl.
        Och! Mo thuirse mar a shileann mo shúile
        I ndiaidh an úill úd bhí breá buí.
        Óigbhean mhúinte bhí t'réis é a thabhairt dom,
        A's go dtabharfainn cúig phúint ar é a bhlaiseadh arís.

Shiúlas Cléire agus Carraig Aonair,
    Cuanta Bhéarra bhí romhan sa tslí,
Pointe na nGréig 'gus na Dosaí Maola,
    An Fhiadh 'san Laoi taobh amuigh de Bhaoí.
        Och! mo thuirse mar a shileann mo shúile
        I ndiaidh an úill úd bhí breá buí.
        Óigbhean mhúinte bhí t'réis é thabhairt dom,
        A's go dtabharfainn cúig phúint ar é a bhlaiseadh arís.

Shiúileas Cualach mar a bhíos buartha,
    An Paróiste Thuaidh agus na hAoraí
'San Oileán Mór is ea d'inis dom buachaill
    Ná faighinn a thuairisc go raghainn thar Snaidhm.

> *Och! mo thuirse mar a shileann mo shúile*
> *I ndiaidh an úill úd bhí breá buí.*
> *Óigbhean mhúinte bhí t'réis é thabhairt dom,*
> *A's go dtabharfainn cúig phúint ar é a bhlaiseadh*
>   *arís.*

> *Shiúileas Cóbh agus Baile na Móna,*
>   *Cathair Tonn Tóime 's Inis Seircín,*
> *Thoir ar an gcósta is ea a d'inis dom stróinse*
>   *Go raibh sé ina sheó ar Shráid Neidín.*
>   *Och! mo thuirse mar a shileann mo shúile*
>   *I ndiaidh an úill úd bhí breá buí.*
>   *Óigbhean mhúinte bhí t'réis é thabhairt dom,*
>   *A's go dtabharfainn cúig phúint ar é a bhlaiseadh*
>   *arís."*

"Is ea, an cúrfa arís!" arsa an Ghríobh, agus díreach bhí tosaithe ag an nGamhain nuair a d'airigh an chuideachta an adharc á séideadh agus ag fógairt go raibh an "chúirt ina suí."

"Siúil leat go mear!" arsa Ghríobh, ag breith ar lámh ar Eibhlís agus á tarraingt ina dhiaidh gan fuireach le críoch an amhráin.

"Cad é an chúirt?" arsa Eibhlís nuair a tháinig a caint di; ach ní dúirt an Ghríobh aon rud ach, "Corraigh ort!" agus chuir sé de chomh mear agus a bhí aige. I bhfad siar uathu d'airigh siad guth brónach an Ghamhna Shliogánaigh ag casadh an chúrfá:

> *Och! mo thuirse mar a shileann mo shúile*

"An Chúirt ina Suí"

Nuair a chas siad, bhí an Rí agus an Bhanríon ina suí ar an gcathaoir ríoga agus comhthionól mór bailithe timpeall orthu—scata mór de gach aon saghas éan beag agus beithíoch bheag ceathairchosach; an paca cártaí go léir; bhí an Cuireata ansiúd ina sheasamh mar chime istigh ina lár— a lámha agus a chosa ceangailte le slabhraí agus saighdiúir ina sheasamh mar gharda ar gach taobh de; díreach taobh leis an Rí bhí an Coinín Gléigeal agus stoc i lámh leis agus meamram mór páipéir sa lámh eile leis. Bhí mias prátaí rósta leagtha in airde ar bhord a bhí i lár na cúirte. Bhí siad ag féachaint chomh breá chomh plúrach sin gur ghéaraigh siad goile Eibhlíse agus gur bhraith sí an t-ocras ag buachan uirthi. "Ní fheadar," ar sise léi féin, "an fada go mbeidh deireadh leis an triail; b'fhearr liom ná aon rud go mbeadh deireadh leis agus go roinnfí na prátaí!" Ach nuair nach raibh aon dealramh go mbeifí á roinnt go luath bhuail sí timpeall theach na cúirte di féin ag tabhairt gach aon rud faoi deara.

Ní raibh Eibhlís riamh roimhe seo i dteach cúirte, ach ba chuimhin léi gur léigh sí mar gheall air sna leabhair, agus bhí móráil uirthi go raibh ainm gach aon rud a bhí ann aici. "É sin a bhfuil an pheiriúic air sin é an breitheamh," ar sise léi féin.

Ach ba é an Rí an breitheamh agus is amhlaidh a bhí an choróin leagtha anuas ar an bpeiriúic aige; deir mé leat gur fhéach sé míchompordach, agus rud eile, níor oir an dá chóir dá chéile a chuigint ná ar aon chor; is amhlaidh a rinne siad araon amadán de.

"Agus féach giúiré an dá fhear déag," arsa Eibhlís léi féin, "agus an bhfaca éinne riamh a leithéid"—éin ba ea cuid acu agus beithígh bheaga ceathairchosacha ba ea tuilleadh acu. "Dia linn is Muire!" ar sise, "níor mhaith liom go mbeadh coimirce m'anama orthu sin; guagairí beaga gan inchinn is ea a bhformhór."

Bhí an dá fhear déag seo ag scríobh ar a ndícheall le cailc ar shlinnteacha. "Ní fheadar sa domhan braonach cad atá siad go léir a dhéanamh?" arsa Eibhlís leis an nGríobh, "dar ndóigh, níl aon rud le scríobh acu fós nuair nár thosaigh an triail."

"Tá gach éinne acu ag scríobh a ainm féin," arsa an Ghríobh, "ar eagla go ndearmadfaidís iad sula mbeadh deireadh leis an triail."

"Hutaidís! Na dallacháin!" arsa Eibhlís, agus lena linn sin ghlaoigh an Coinín amach i gcomhard a chinn agus a ghutha: "Ciúnas oraibh i láthair na cúirte!" Chuir an Rí a spéaclaí air, agus d'fhéach sé timpeall féachaint cé a bhí ag caint.

Chonaic Eibhlís go raibh gach éinne den dá fhear déag ag scríobh síos "Dallacháin" ar na slinnteacha agus nach raibh an oiread agus duine acu inniúil ar na litreacha atá ag baint leis an bhfocal a litriú go ceart—bhí siad ag cogarnach agus ag tabhairt uillinn dá chéile. "Deirim leat," arsa Eibhlís léi féin, "go mbeidh sé deacair an méid a bheidh scríofa acusan a léamh sula mbeidh deireadh leis an triail; ach dar ndóigh, 'an rud a scríobhann an púca léann sé féin é'."

Is cuimhin leat Tadhg bocht, an tEarc Luachra—é sin a chuaigh síos an simléar; is ea, bhí sé sin ar dhuine den ghiúiré agus an blúire cailce a bhí aige ag scríobh eachtra na scréachaí a bhí sé á dhéanamh ar an tslinn—rachadh sé go dtí an grinneall ionat. Ní bhfaigheadh Eibhlís foighneamh a thuilleadh leis, d'éalaigh sí taobh thiar de Thadhg, agus sciob sí an chailc uaidh i ngan fhios dó. Rinne sí an gnó chomh mear sin nach raibh a fhios ag Tadhg ó thalamh an domhain cár imigh sé. Tar éis dó a bheith á lorg agus á chuardach i ngach aon áit chaith sé scríobh lena mhéara an chuid eile den lá agus bheadh sé chomh maith dó bheith díomhaoin; d'fhliuchadh sé a mhéar, agus a fhad a d'fhanadh an mhéar fliuch bhíodh saghas éigin breacadh ar an tslinn, ach dar ndóigh, nuair a thriomaíodh sé bhíodh sé imithe arís de.

"Léigh an choir, a bholscaire!" arsa an Rí. Shéid an Coinín Gléigeal an stoc faoi thrí agus d'oscail sé an meamram a bhí ina lámh aige agus léigh sé amach an choir:—

> *"Whereas prátaí rósta*
> *Bhí ag do bhean phósta,*
> *A Rí onóraigh,*
> *Don mhac ba shine aici,*
> *Nuair tháinig an Cuireata*
> *Agus le neart faobhar coirpeacht'*
> *Ghoid as an tine iad*
> *Gan beann ar do dhlíse."*

"Tabhair do bhreith," arsa an Rí leis an ngiúiré.

"Fan leat, fan leat!" arsa an Coinín, "tá mórán eile le déanamh fós sula mbeidh an chúis pléite!"

"Glaoigh ar an gcéad fhinné," arsa an Rí. Chuir an Coinín an stoc chun a bhéil agus shéid sé faoi thrí arís é. "Tagadh an chéad fhinné anseo i láthair na cúirte," ar seisean.

Tomhais cérbh é an chéad fhinné. Ní thomhaisfeá go deo é! An Haitéir! Rith sé isteach sa chúirt le hata mór ard thiar ar chúl a chinn, cupán tae i lámh leis agus píosa aráin agus ime sa lámh eile. "Gabhaim pardún agat, a Rí onóraigh," ar seisean, "cionn is gur thug mé iad seo isteach liom; ach ní raibh an tae ólta agam nuair a cuireadh fios orm."

"Bhí sé in am agat é a bheith ólta agat," arsa an Rí. "Cathain a thosaigh tú?"

"An ceathrú lá déag de Mhárta, is dóigh liom," arsa an Haitéir, agus d'fhéach sé ar an nGiorria Márta a bhí tar éis é a leanúint isteach i dteach na cúirte, é féin agus an Luch Chodlamáin, agus iad araon i riocht scoilteadh orthu le gáire.

"An cúigiú lá déag," arsa an Giorria Márta.

"An séú lá déag," arsa an Luch Chodlamáin.

"Scríobhaigí síos é sin," arsa an Rí leis an ngiúiré, agus scríobh an giúiré síos ar na slinnteacha leis an gcailc na trí dháta, agus chuir siad le chéile iad agus rinne siad amach cé mhéad scilling agus airgead corr a bhí acu.

"Bain díot do hata," arsa an Rí leis.

"Ní liomsa an hata," arsa an Haitéir.

"Goidte atá sé agat, más ea!" arsa an Rí, agus scríobh an giúiré gach aon fhocal de sin síos.

"Bíonn siad agam le díol," ar seisean; "níl aon hata de mo chuid féin agam. Fear hataí a dhéanamh is ea mé."

Chuir an Bhanríon a spéaclaí uirthi nuair a d'airigh sí an chaint seo go léir agus chrom sí ag féachaint go géar isteach idir an dá shúil ar an Haitéir, agus chaill an fear bocht sin a ghuth agus a dhath le neart eagla roimpi.

"Tabhair d'fhianaise," arsa an Rí, "agus ná bí chomh creathach sin timpeall air nó bainfear an ceann díot."

Deirim leat gur bhain an méid sin cainte preab as agus gur beag an misneach a d'fhág sé aige chun aon rud a rá; bhí sé an-chorrshuanach ann féin, agus níor thóg sé a dhá shúil den Bhanríon; bhí an fear bocht chomh mór sin trína chéile gur bhain sé mant as béal an chupáin nuair a shíl sé píosa aráin agus ime a ithe.

Lena linn sin díreach bhraith Eibhlís athrú mór ag teacht uirthi féin, rud a chuir trína chéile í go mór mór gur thuig sí cad é an bhrí a bhí leis: nach raibh sí ag fás arís, agus i dtosach nuair a bhraith sí an t-athrú ag teacht bhí sí chun an áit a fhágáil, ach tháinig sí ar athsmaoineamh, agus dúirt sí léi féin go bhfanfadh sí mar a bhí aici a fhad agus a bheadh slí di.

"Ná bí do m'fháscadh, in ainm Dé," arsa an Luch Chodlamáin a bhí ina suí taobh léi, "is ar éigean atá mé inniúil ar bhreith ar m'anáil agat."

"Cén leigheas atá agamsa ort," arsa Eibhlís go ciúin cneasta, "táimse ag fás."

"Cad é an chúis duit a bheith ag fás anseo istigh?" arsa an Luch Chodlamáin.

"Dhera, éist do bhéal!" arsa Eibhlís, "agus caith uait do dhíth céille; nach bhfuil tusa ag fás chomh maith liomsa."

"Más ea," arsa an Luch Chodlamáin, "ní chomh míréasúnta leatsa é; tá tusa ag rith ar fad leat féin." Agus d'éirigh sé den stiúir sin agus shiúil sí trasna go dtí an taobh eile den chúirt.

Ní dheachaigh aon lagú ar an mBanríon ar feadh na haimsire go léir ach ag cur na súl tríd an Haitéir, agus díreach le linn is an Luch Chodlamáin a bheith ag dul trasna na cúirte dúirt sí le ceann de na hoifigigh liosta de na daoine a thug amhrán uathu ag an gcoirm cheoil dheireanach a bhí aici a thabhairt chuici. Tháinig a leithéid sin de chreathán ar an Haitéir bocht gur thit na bróga de.

"Tabhair d'fhianaise," arsa an Rí go crosta, "nó dar seo agus siúd bainfear an ceann díot pé acu eaglach nó neamheaglach tú."

"Dílleachta bocht is ea mise, a Rí onóraigh," arsa an Haitéir, agus é i riocht titim leis an bhfalsaer, "agus is ar éigean a bhí mé i mo shuí síos chun an tae—ní raibh mé aon rud le seachtain nó mar sin—agus mar gheall ar shailíocht an ime agus stalcacht an aráin agus teocht an tae—"

"Teocht cad é rud é?" arsa an Rí.

"An té nach bhfuil láidir," arsa an Haitéir, "ní foláir dó bheith glic."

"Tá a fhios agam é sin," arsa an Rí, "dar ndóigh, ní dóigh leat gur breall ar fad mé. Is ea, tiomáin leat!"

"Fear bocht is ea mé," arsa an Haitéir, "agus thosaigh gach aon rud ag glinniúint ansin—ach dúirt an Giorria Márta—"

"Ní dúirt!" arsa an Giorria Márta de shnap.

"Dúirt!" arsa an Haitéir.

"Nach bhfeiceann tú," arsa an Rí, "go dtugann sé an t-éitheach duit agus ná bac a thuilleadh leis an méid sin den scéal."

"Ach pé scéal é," arsa an Haitéir, "dúirt an Luch Chodlamáin—" agus d'fhéach sé taobh thiar de ar an Luch Chodlamáin féachaint an mbréagnódh sí sin é, ach ní dhearna, mar bhí sí ina marbhchodladh.

"Agus ansin," arsa an Haitéir, "ghearr mé blúire aráin is ime—"

"Is ea, ach cad a dúirt an Luch Chodlamáin?" arsa duine den ghiúiré.

"Ní cuimhin liom anois é," arsa an Haitéir.

"Caithfidh tú cuimhneamh air," arsa an Rí, "nó bainfear an ceann díot."

Thit an cupán agus an t-arán agus an t-im as lámha an fhir bhoicht, agus chuaigh sé féin ar a leathghlúin. "A Rí ró-onóraigh," ar seisean, "duine bocht suarach is ea mise, agus—"

"Suarachán críochnaithe is ea thú," arsa an Rí.

"Tar slán! Tar slán!" arsa an criogar agus seo é ag bualadh bos ar a dhícheall, agus ba ghairid an mhoill ar oifigigh na cúirte é a chur faoi chois agus seo mar a rinne siad é—rop siad i ndiaidh a chinn isteach i mála é agus ansin shuigh siad anuas air.

"Is maith liom," arsa Eibhlís léi féin, "go bhfaca mé le mo dhá shúil féin an cleas sin á dhéanamh. Is minic a léigh mé sna páipéir go ndéantaí iarracht mar seo ar chorrabó agus bualadh bos a chur ar bun nuair a bheadh deireadh le triail i dteach cúirte, ach go gcuireadh oifigigh na cúirte faoi chois é gan mórán moille, ach ní raibh a fhios agam conas a dhéantaí é go dtí anois."

"Mura bhfeadair tú a thuilleadh i dtaobh an scéil," arsa an Rí, "gheobhaidh tú dul síos."

"Ní bhfaighinn dul síos a thuilleadh," arsa an fear bocht, "táim i mo sheasamh ar an urlár ar ndóigh."

"Suigh síos, más ea," arsa an Rí.

Shíl bean an chriogair bualadh bos eile a chur ar bun, ach bhain an cleas céanna di.

"Is ea," arsa Eibhlís ina haigne féin, "sin deireadh leis an lánúin sin. B'fhéidir go rachfaí chun cinn níos fearr anois."

"B'fhearr liom deireadh a chur leis an mbraon tae seo," arsa an Haitéir, agus d'fhéach sé suas ar an mBanríon.

"Cuir díot," arsa an Rí; agus chuir an fear bocht de chomh mear in Éirinn agus a bhí ina chosa amach as teach na cúirte, agus níor fhan sé lena bhróga a chur air.

"Agus cas an ceann de lasmuigh," arsa an Bhanríon le duine d'oifigigh na cúirte, ach bhí an Haitéir curtha de sula bhfuair an t-oifigeach dul amach an doras.

"Glaoigh ar an gcéad fhinné eile," arsa an Rí.

Is í an duine a tháinig ach cócaire an Bhandiúic. Bhí boiscín an phiobair ina lámh aici, agus d'aithin Eibhlís gurbh í a bhí ag teacht sula bhfaca sí in aon chor í, mar thosaigh gach éinne a bhí thíos ag an doras ag sraothartach in éineacht.

"Tabhair d'fhianaise," arsa an Rí.

"Ní thabharfaidh," arsa an cócaire.

D'fhéach an Rí ar an gCoinín Gléigeal agus dúirt sé sin go híseal leis, "Caithfidh tú an bhean seo a cheistiú."

"Má chaithfidh mé, caithfidh mé, ar ndóigh," arsa an Rí go duasmánta, agus d'fhill sé a dhá lámh ina chéile agus chuir sé drannadh air féin go raibh a dhá shúil geall leis slogtha siar ina cheann: "Conas a dhéantar prátaí a róstadh?" ar seisean.

"Le piobar," ar sise.

"Le bláthach," arsa an duine taobh thiar di agus é mar a bheadh sé ag caint trína chodladh.

"Beir ar scrogall ar an Luch Chodlamáin sin!" arsa an Bhanríon de scread. "Cas an ceann di! Cuir lasmuigh den doras í! Cuir sa mhála í! Bain miotóg aisti! Srac an fhéasóg di!

Ar feadh scaithimh bhí teach na cúirte in aon diúra dheabhra amháin ag iarraidh breith ar an Luch Chodlamáin chun í a chur lasmuigh den doras, agus nuair a bhí gach éinne socair síos arís bhí an cócaire teite.

"Is cuma é!" arsa an Rí. "Buíochas le Dia go bhfuilimid réidh léi siúd, pé scéal é. Glaoigh ar an gcéad fhinné eile." Agus d'iompaigh sé ar an mBanríon agus dúirt go híseal léi: "A chuid den saol! Caithfidh tusa an chéad fhinné eile a cheistiú. Tá meadhrán i mo cheannsa acu!"

Bhí Eibhlís ag féachaint ar an gCoinín Gléigeal agus é ag útamáil leis an bpáipéar ina raibh ainmneacha na bhfinnéithe. "Is beag fianaise atá faighte fós acu," ar sise léi féin. Bhí an-dúil aici a fheiceáil cé hé an chéad duine eile ar a nglaofaí, agus deirim leat gur baineadh preab aisti nuair a glaodh amach a hainm féin.

Fianaise Eibhlíse

"Táim anseo!" ar sise, ag éirí ina seasamh go tobann, agus níor chuimhnigh sí riamh ar an méid a bhí tar éis dul inti ó tháinig sí isteach sa chúirt. Ar éirí ina seasamh di agus leis an bhfuinneamh a bhí léi nár bhuail íochtar a gúna ar chinn an dáréag agus leagadh gach éinne riamh acu síos i lár na cúirte, síos ar chinn na ndaoine go léir a bhí gairid do bhosca an ghiúiré. Eachtra ba ea féachaint orthu lena gcinn fúthu agus a gcosa in airde. Chuir sé i gcuimhne d'Eibhlís ciotrainn a bhain di féin sa bhaile seachtain roimhe sin nuair a leag sí báisín a raibh éisc órga ann agus doirteadh iad go léir ar fud an tí.

"Ó, gabhaim pardún agaibh!" ar sise, agus d'aithneodh éinne ar a caint go raibh an-chathú uirthi. Chrom sí á bpiocadh suas. Bhí a fhios aici i slí éigin gurbh é sin an ceart—go raibh sí chomh ceart aici iad sin a bhailiú agus a bhí sé di na héisc órga a bhailiú—shíl sí go bhfaighidís bás mura gcuirfí thar n-ais arís sa bhosca iad.

"Ní bhfaighfear dul chun cinn leis an triail," arsa an Rí, "go mbeidh gach éinne den ghiúiré thar n-ais ina áit féin—

gach éinne riamh den dáréag," ar seisean, ag féachaint go géar ar Eibhlís.

D'fhéach Eibhlís ar an áit a raibh an giúiré, agus cad a bheadh ná an tEarc Luachra agus a cheann faoi agus a eireaball san aer aige agus corraí beag á bhaint aige as anois agus arís. Ar éigean a bhí sé in ann corraí. Is amhlaidh a chuir Eibhlís isteach bun os cionn é.

Rug sí ar eireaball air agus shocraigh sí ina cheart arís é: "Ach is cuma é ar ndóigh," ar sise, "ní measa don chúis a bhí á plé a eireaball a bheith in airde aige ná é a bheith faoi."

Nuair a bhí an giúiré tar éis teacht chucu féin roinnt agus pé méid céille a bhí acu cruinnithe le chéile arís agus gach éinne acu agus a shlinn agus a phíosa cailce féin aige chrom siad ag scríobh síos cuntas ar an gciotrainn a bhain dóibh, gach éinne ach an tEarc Luachra bocht: bhí seisean róthrína chéile le haon rud a scríobh. D'fhan sé ina shuí suas díreach agus a bhéal ar leathadh aige ag féachaint in airde ar fhraitheacha an tí.

"An bhfuil a fhios agatsa aon rud i dtaobh an scéil seo atáimid a phlé?" arsa an Rí le hEibhlís.

"Dada go Dia," arsa Eibhlís.

"Dada a chuigint ná ar aon chor?" arsa an Rí.

"Dada go Dia, deirim leat," arsa Eibhlís.

"Éist leis sin," arsa an Rí leis an ngiúiré, "sin rud an-éifeachtúil." Bhí an giúiré ag tosú díreach ar na focail seo a scríobh síos ar a gcuid slinnte acu nuair a labhair an Coinín Gléigeal: "*Mí*-éifeachtúil, a mheas tú a rá, le toil do mhór-uaisleachta," ar seisean go hurramach, ach mar sin féin, bhí sé ag drannadh, agus ag bagairt ar an Rí le linn na cainte dó.

"Ó, is ea, *mí*-éifeachtúil, ar ndóigh, mheas mé a rá," arsa an Rí d'urchar, agus ansin lean sé air ag caint leis féin agus ag cur na bhfocal—an-éifeachtúil—mí-éifeachtúil—an-éifeachtúil—mí-éifeachtúil, trína chéile mar a bheadh sé ag iarraidh a dhéanamh amach cé acu an focal ceart.

Scríobh cuid den ghiúiré "an-éifeachtúil" agus scríobh cuid eile "mí-éifeachtúil". Bhí Eibhlís ag féachaint isteach thar a nguaillí, agus chonaic sí gur mar sin a bhí: "Ach is cuma é, ar ndóigh," ar sise léi féin.

A fhad agus a bhí an giúiré ag scríobh bhí an Rí ag scríobh i leabhairín beag póca a bhí aige. "Ciúnas!" ar seisean d'urchar, agus léigh sé amach as a leabhar: "Riail a dó agus daichead. *Caithfidh gach éinne atá breis is míle ar airde an chúirt a fhágáil.*"

D'fhéach gach éinne ar Eibhlís.

"Nílim míle ar airde," arsa Eibhlís.

"Tá," arsa an Rí.

"Tá, gheall le dhá mhíle," arsa an Bhanríon.

"Ní fhágfaidh mé an áit seo, pé scéal é," arsa Eibhlís, "agus rud eile, ní riail choitianta é sin; anois díreach a cheap tú é."

"Is é an riail is sia sa leabhar é," arsa an Rí.

"Dá mba é, ba cheart gur Riail a hAon é," arsa Eibhlís.

D'iompaigh an Rí ar dhath an bhalla agus dhún sé a leabhairín. "Tugaigí bhur mbreith," ar seisean go creathánach leis an ngiúiré.

"Tá fianaise eile sa scéal," arsa an Coinín Gléigeal, ag éirí ina sheasamh go tobann. "Anois díreach fuarthas an páipéar seo caite ar an urlár."

"Cad tá scríofa ann?" arsa an Bhanríon.

"Níor oscail mé fós é," arsa an Coinín, "ach ba dhóigh liom gur litir é a scríobh an cime seo chun duine éigin."

"Cén seoladh atá uirthi?" arsa duine den Choiste.

"Níl aon seoladh uirthi," arsa an Coinín, "níl aon rud a chuigint scríofa *lasmuigh* uirthi." Bhí sé ag oscailt an pháipéir le linn na cainte dó: "Ní litir in aon chor é," ar seisean, "tar éis gach aon rud, roinnt filíochta atá ann."

"An é scríbhneoireacht an chime seo atá ann?" arsa duine eile den ghiúiré.

"Ní hé, mhuise," arsa an Coinín, "agus sin é an taobh is aite den scéal." (D'fhéach an giúiré an-trína chéile; bhí an scéal ag dul sa mhuileann orthu.)

"Is dócha go ndearna sé aithris ar scríbhneoireacht duine éigin eile," arsa an Rí.

"Le toil do mhóruaisleachta," arsa an Cuireata, "níor scríobh mise é, agus níl aon chruthúnas acu gur scríobh; níl aon ainm leis."

"Murar chuir tú d'ainm leis is amhlaidh is measa atá an scéal," arsa an Rí. "Bhí tú ar tí achrann éigin a chur ar bun ráite agus nár chuir tú d'ainm leis mar a dhéanfadh aon duine macánta."

Bhí an-bhualadh bos anois ann don Rí. B'iad seo na focail ab fháidhiúla a dúirt sé inniu.

"Nach ndaorann sin é?" arsa an Bhanríon, "agus baintear—"

"Ní fíor sin," arsa Eibhlís, "agus rud eile de, ní fheadair sibh in aon chor cad dó a bhfuil an fhilíocht seo ag tagairt."

"Léigh dúinn í," arsa an Rí.

Chuir an Coinín air a spéaclaí. "Cá dtosóidh mé, a Rí onóraigh," ar seisean.

"Tosaigh i dtosach," arsa an Rí go fadcheannach, "agus léigh leat siar go deireadh; gheobhaidh tú stad ansin."

Ní raibh focal as éinne i dteach na cúirte a fhad agus a bhí an Coinín ag léamh an mhéid seo a leanas:—

> *"Dúradar liom go rabhais léi,*
> *Agus gur thrácht tú ar mo láimh;*
> *Mhol sí sin go hard mo cháil,*
> *Ach amháin nach bhféadfainn snámh.*
>
> *Chuir sé sin an scéala chucu*
> *Ná rabhas-sa tar éis éirí.*
> *Agus, Dia linn! anois cad a dhéanfaidh tú,*
> *Má chuireann sí an scéal chun crí'.*
>
> *Thugas-sa a haon di sin,*
> *Dó san a thugadar a dó;*
> *A trí nó a ceathair thugaise dúinn;*
> *Agus, féach! nárbh olc an dóigh.*
>
> *Ba liomsa féin iad san go léir,*
> *A's chasadar orm arís;*
> *Ach tháinig sí chugam istoíche aréir,*
> *Á rá go rabhadar i ndísc.*

Más rud é go milleánfar mise ná í
I dtaobh na gcúrsaí so.
A bhfuascailt go léir tá ortsa, a chroí!
Nó is giorra dúinn, 'uth!' ná puth.

Im' thuairimse is tusa féin
Tháinig idir í a's mé a's
A's chuir é siúd chomh fada i gcéin
Gan bean ná spré aige."

"Tá crochadh na mílte san fhianaise sin," arsa an Rí, ag tógáil a leabhair amach as a phóca arís; "seoigí, a ghiúiré, tugaigí—"

"Féach," arsa Eibhlís (agus ní raibh pioc eagla uirthi labhairt leo, chuaigh sí chomh mór sin i méid ó tháinig sí isteach sa Chúirt). "Féach," ar sise, "tabharfaidh mé réal d'éinne a bhainfidh meabhair as an gcaint sin. Ní chreidim go bhfuil ciall ná meabhair le baint as."

Scríobh gach éinne den ghiúiré síos ar a shlinn féin: "Deir sí nach gcreideann sí go bhfuil ciall ná meabhair le baint as," ach níor thug éinne acu faoina mhíniú.

"Mura bhfuil ciall ná meabhair ann," arsa an Rí, "ag lorg meachain i bhfail muice is ea a bheith ag iarraidh ciall ná meabhair a bhaint as, agus ní gá dul ina thrioblóid, ach, fan leat anois go bhfeicimid," agus d'oscail sé amach an páipéar, leag sé ar a ghlúine chuige é, dhún sé súil leis: "Is dóigh liom tar éis gach aon rud go bhfuil ciall éigin leis '—*Ach amháin nach bhféadfainn snámh—*' níl snámh agatsa, an bhfuil?" ar seisean leis an gCuireata.

Bhain an Cuireata bocht crochadh as a cheann agus is é a bhí ag féachaint go cásmhar. "Ar dhóigh leat orm go mbeadh?" arsa mo dhuine bocht. (B'fhurasta d'éinne a rá nach mbeadh snámh ag cárta.)

"Tá sin go maith agus níl go holc," arsa an Rí, agus chrom sé ag meabhrú na cainte leis: "'*Mhol sí sin go hard mo cháil*'—mo cháilse é sin, dar ndóigh—'*Má chuireann sí an scéal chun crí*'—duitse a thagraíonn sé sin, a lao!" ar seisean leis an mBanríon—"'*Thugas-sa a haon di sin, dó san a thugadar a dó*'—sin mar a d'imigh na prátaí rósta, ar dhóigh—"

"Is ea," arsa Eibhlís, "ach léigh leat: '*A's chasadar orm arís*—'"

"Is ea, ar ndóigh," arsa an Rí, "agus dá chomhartha sin 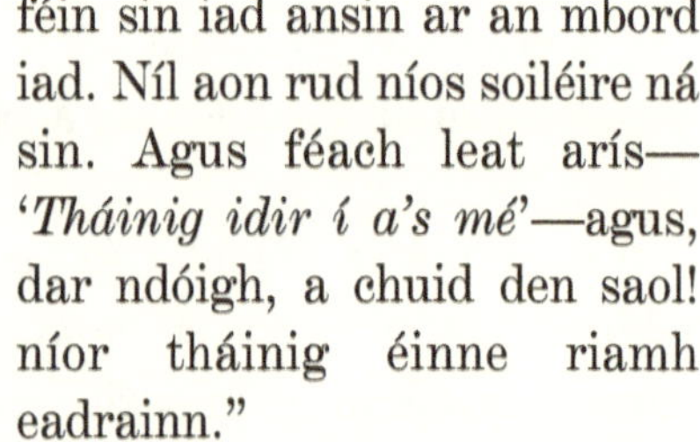 féin sin iad ansin ar an mbord iad. Níl aon rud níos soiléire ná sin. Agus féach leat arís—'*Tháinig idir í a's mé*'—agus, dar ndóigh, a chuid den saol! níor tháinig éinne riamh eadrainn."

"Níor tháinig riamh," ar sise, ag breith ar bhuidéal an dúigh a bhí taobh léi, agus á chaitheamh le binib leis an Earc Luachra. (Bhí Tadhg bocht tar éis éirí as a bheith ag scríobh lena mhéar ós rud é nár fhan aon scríobh ar an tslinn chomh luath agus a thriomaigh

sé; ach thosaigh sé anois ag scríobh ar a dhícheall báis leis an dúch a bhí ag rith anuas lena phluc.)

"Tugtar an bhreith!" arsa an Rí.

"Ná tugtar, ná tugtar!" arsa an Bhanríon. "Gearrtar an pionós an chéad uair—agus ansin tugtar an bhreith."

"Díth céille, a bhean!" arsa Eibhlís. "Ar airigh éinne riamh a leithéid de ghnó?"

"Éist do bhéal!" arsa an Bhanríon, agus dealramh an áibhirseora uirthi.

"Ní éisteoidh," arsa Eibhlís.

"Scuabtar an ceann di!" arsa an Bhanríon i gcomhard a cinn agus a gutha. Níor chorraigh éinne.

"Cad é an bheann atá ag éinne oraibhse," arsa Eibhlís. (Bhí sí chomh mór agus a bhí sí riamh anois.) "Cad tá ionaibh ach paca cártaí?" ar sise.

D'éirigh an paca go léir in airde san aer os a cionn mar shaithe beach agus tháinig siad anuas sa mhullach uirthi; lig sí scréach aisti agus thug sí iarracht ar í féin a chosaint orthu, agus dhúisigh sí as a codladh. Bhí sí ina luí ar an mbán, a ceann leagtha ar bhinn a deirféar, agus í sin á cosaint ar na cuileoga a bhí ag teacht timpeall ar a haghaidh á crá.

"Dúisigh, a Eibhlís, a linbh, is fada an codladh a bhí agat," arsa a deirfiúr léi.

"Ó bhí taibhreamh iontach agam!" arsa Eibhlís, agus d'inis sí dá deirfiúr chomh maith agus a fuair sí cuimhneamh orthu na heachtraí go léir ó thosach go deireadh, gach aon rud mar atá léite agatsa sa leabhar seo; agus nuair a bhí deireadh aici leis thóg a deirfiúr in airde ar a baclainn chuici í, agus phóg sí í agus dúirt: "B'iontach an taibhreamh é gan dabht; rith leat isteach anois, a mhaoineach, chun do chuid tae. Tá sé ag éirí déanach." D'éirigh Eibhlís ina seasamh agus rith sí léi, agus ní bhfaigheadh sí a chur as a haigne na heachtraí go léir a taibhríodh di, ní nach ionadh.

EACHTRA EIBHLÍSE GO NUIGE SEO

Pictiúir K. Verschoyle, 1922

Eibhlís (lch. 5)

Bhain an coinín uaireadóir aníos
as póca a bhástchóta (lch. 6)

Fuair sí é a leagan uaithi
ar chupaird ag tuirlingt di (lch. 7)

D'ith sí blúire beag de (lch. 14)

Shuigh sí síos agus chrom sí ag gol arís (lch. 16)

Níorbh ionadh léi nach raibh ann ach luch (lch. 21)

An rás éagríochta (lch. 26)

Murar chuir an buidéal i méid í ní lá fós é (lch. 34)

Tháinig an Coinín go dtí an doras agus shíl sé é a chur
isteach, ach níor fhéad sé (lch. 37)

Anois an t-am d'Eibhlís teitheadh (lch. 43)

"Iompair tú féin," arsa an Chrumhóg (lch. 46)

"'Dé chúis duit, más ea,
bheith ag síorsheasamh ar do phlait" (lch. 51)

"Féach an tslí a thagann sé an doras isteach" (lch. 52)

"Agus ní fheadarsa sa tsaol
conas a d'ithis an chearc" (lch. 53)

"An eascú sin a choimeád ar do chaincín?" (lch. 54)

"A nathair nimhe!" arsa an Colúr (lch. 57)

"An deamhas pioc maitheasa duitse a bheith
ag bualadh ag an doras sin," arsa an Giolla (lch. 62)

Muc ba ea é gan aon agó (lch. 68)

"A Chaitín Chláraigh," ar sise go scáfar (lch. 68)

Teach an Giorria Márta (lch. 72)

"Nach míchompordach an scéal
ag an Luch Chodlamáin é!" (lch. 73)

Thum sé síos é sa chupán tae a bhí sé a ól (lch. 76)

D'umhlaigh siad go talamh di (lch. 85)

Shíl Eibhlís nach bhfaca sí a leithéid
d'fhaiche cróice riamh ina saol (lch. 90)

Is é rud a dúirt fear an dícheannta ach nach bhfaighfí an
ceann a bhaint de cheann-gan-cholainn (lch. 94)

"Siúil leat." (lch. 102)

Chuir an Gamhain osna as (lch. 103)

D'oscail sé an meamram (lch. 120)

Glaoigh ar an gcéad fhinné (lch. 121)

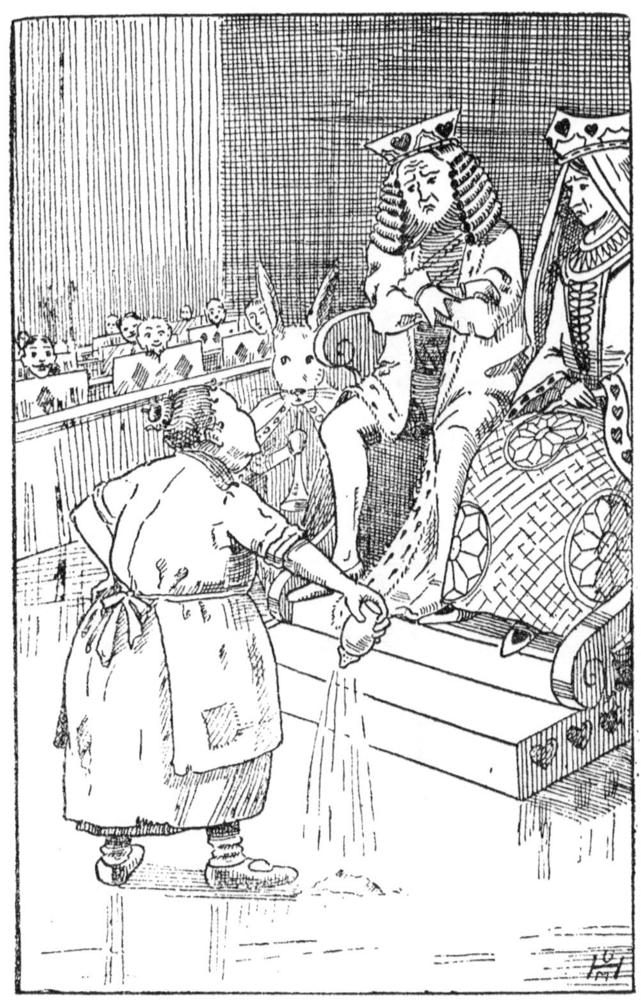

"Le piobar," ar sise (lch. 126)

D'fhan sé ina shuí suas díreach
agus a bhéal ar leathadh aige (lch. 130)

Alice's Adventures in Wonderland, by Lewis Carroll 2015

Through the Looking-Glass and What Alice Found There,
by Lewis Carroll 2009

A New Alice in the Old Wonderland,
by Anna Matlack Richards, 2009

New Adventures of Alice, by John Rae, 2010

Alice Through the Needle's Eye, by Gilbert Adair, 2012

Wonderland Revisited and the Games Alice Played There,
by Keith Sheppard, 2009

Alice's Adventures under Ground, by Lewis Carroll 2009

The Nursery "Alice", by Lewis Carroll 2010

The Hunting of the Snark, by Lewis Carroll 2010

The Haunting of the Snarkasbord, by Alison Tannenbaum,
Byron W. Sewell, Charlie Lovett, and August A. Imholtz, Jr, 2012

Snarkmaster, by Byron W. Sewell, 2012

In the Boojum Forest, by Byron W. Sewell, 2014

Murder by Boojum, by Byron W. Sewell, 2014

Alice's Adventures in Wonderland,
Retold in words of one Syllable by Mrs J. C. Gorham, 2010

Ma Loko o ke Aniani Kū a me ka Mea i Loaʻa iā ʻĀleka ma
Laila, *Looking-Glass* in Hawaiian, 2012

Aliz kalandjai Csodaországban, *Alice* in Hungarian, 2013

Eachtraí Eilíse i dTír na nIontas,
Alice in Irish, by Nicholas Williams, 2007

Lastall den Scáthán agus a bhFuair Eilís Ann Roimpi,
Looking-Glass in Irish, by Nicholas Williams, 2009

Eachtra Eibhlíse i dTír na nIontas,
Alice in Irish, by Pádraig Ó Cadhla, 2015

Le Avventure di Alice nel Paese delle Meraviglie,
Alice in Italian, 2010

L's Aventuthes d'Alice en Êmèrvil'lie, *Alice* in Jèrriais, 2012

L'Travèrs du Mitheux et chein qu'Alice y dêmuchit,
Looking-Glass in Jèrriais, 2012

Las Aventuras de Alisia en el Paiz de las Maraviyas,
Alice in Ladino, 2014

Alisis pīdzeivuojumi Breinumu zemē, *Alice* in Latgalian, 2015

Alicia in Terra Mirabili, *Alice* in Latin, 2011

Aliciae per Speculum Trānsitus (Quaeque Ibi Invēnit),
Looking-Glass in Latin, 2014

Alisa-ney Aventuras in Divalanda,
Alice in Lingua de Planeta (Lidepla), 2014

La aventuras de Alisia en la pais de mervelias,
Alice in Lingua Franca Nova, 2012

Alice ehr Eventüürn in't Wunnerland,
Alice in Low German, 2010